reinhardt

Tilly Truckenbrodt · Annette Leonhardt

Schüler mit Hörschädigung im inklusiven Unterricht

Praxistipps für Lehrkräfte

Mit 29 Abbildungen und 3 Tabellen

Ernst Reinhardt Verlag München Basel

Prof. Dr. *Annette Leonhardt* ist Ordinaria für Gehörlosen- und Schwerhörigenpädagogik an der Universität München und Dekanin der Fakultät für Psychologie und Pädagogik.

Tilly Truckenbrodt, Lehramtsanwärterin, war bis 2014 wissenschaftliche Projektmitarbeiterin am selben Lehrstuhl.

Einzelne Textstellen dieses Buchs entstanden unter Mitarbeit von Dr. Melanie Pospischil.

Außerdem von Prof. Annette Leonhardt im Ernst Reinhardt Verlag lieferbar:

Frühes Hören
(2012, ISBN 978-3-497-02288-5)
Einführung in die Hörgeschädigtenpädagogik
(3. überarb. und erw. Aufl. 2010, ISBN 978-3-8252-2104-1)
Wie perfekt muss der Mensch sein? Behinderung, molekulare Medizin, Ethik
(2004, ISBN 978-3-497-01658-7)
Das Cochlear Implant bei Kindern und Jugendlichen
(1997, ISBN 978-3-497-01425-5)

Hinweis: Soweit in diesem Werk eine Dosierung, Applikation oder Behandlungsweise erwähnt wird, darf der Leser zwar darauf vertrauen, dass die Autoren große Sorgfalt darauf verwandt haben, dass diese Angabe dem Wissensstand bei Fertigstellung des Werkes entspricht. Für Angaben über Dosierungsanweisungen und Applikationsformen oder sonstige Behandlungsempfehlungen kann vom Verlag jedoch keine Gewähr übernommen werden. – Die Wiedergabe von Gebrauchsnamen, Handelsnamen, Warenbezeichnungen usw. in diesem Werk berechtigt auch ohne besondere Kennzeichnungen nicht zu der Annahme, dass solche Namen im Sinne der Warenzeichen- und Markenschutz-Gesetzgebung als frei zu betrachten wären und daher von jedermann benutzt werden dürften.

Bibliografische Information der Deutschen Nationalbibliothek

Die Deutsche Nationalbibliothek verzeichnet diese Publikation in der Deutschen Nationalbibliografie; detaillierte bibliografische Daten sind im Internet über <http://dnb.d-nb.de> abrufbar.
ISBN 978-3-497-02557-2 (Print)
ISBN 978-3-497-60222-3 (E-Book)

© 2015 by Ernst Reinhardt, GmbH & Co KG, Verlag, München

Printed in Germany
Cover unter Verwendung eines Fotos von © contrastwerkstatt-Fotolia.com
Satz: Rist Satz & Druck GmbH, 85304 Ilmmünster

Ernst Reinhardt Verlag, Kemnatenstr. 46, D-80639 München
Net: www.reinhardt-verlag.de E-Mail: info@reinhardt-verlag.de

Inhalt

Vorwort

Anwendung

Diese Handreichung ist für Lehrkräfte allgemeiner Schulen konzipiert, die einen oder mehrere Schüler mit Hörschädigung inklusiv unterrichten. Die enthaltenen Hinweise sind aus wissenschaftlichen Forschungsergebnissen erwachsen und mit Praxiserfahrungen von Hörgeschädigtenpädagogen ergänzt.

Hintergrund

Die Forschungsergebnisse stammen aus dem seit 1999 laufenden Projekt „Integration/ Inklusion Hörgeschädigter in allgemeinen Einrichtungen" des Lehrstuhls für Gehörlosen- und Schwerhörigenpädagogik der Ludwig-Maximilians-Universität (LMU) in München. Die für den inklusiven Unterricht relevanten Erkenntnisse wurden herausgefiltert und praxisnah aufbereitet. Die Handreichung konzentriert sich auf die Gruppe der lautsprachlich orientierten Schüler; die formulierten Hinweise sind teilweise jedoch auch auf die zahlenmäßig kleineren Gruppen der gebärdensprachlich orientierten Schüler sowie auf Schüler mit Auditiver Verarbeitungs- und Wahrnehmungsstörung (AVWS) übertragbar. In dieser Handreichung wurde der Begriff „Inklusion" statt „Integration" gewählt. Dies soll keine Wertung als vielmehr die Hoffnung in eine funktionierende Inklusion darstellen. Aus Gründen der besseren Lesbarkeit wurde das generische Maskulinum verwendet.

Aufbau

Der Inhalt erstreckt sich von grundlegenden Informationen zu den Themen Hörschädigung, Hörsysteme und Auswirkungen der Hörschädigung über die Beratung durch den Mobilen Dienst bis hin zu didaktischen Empfehlungen für einen Unterricht mit einem Schüler mit Hörschädigung. Für seine Unterrichtung ist keine „neue" Didaktik notwendig, sondern es sind andere Schwerpunktsetzungen von Bedeutung – d.h. viele Maßnahmen werden in der allgemeinen Schule ohnehin angewendet, sind für den Schüler mit Hörschädigung jedoch von größerer Bedeutung. Aufgrund der bundesweit verschiedenen Bezeichnungen (z.B. ambulante Förderung, Mobiler Sonderpädagogischer Dienst, sonderpädagogische Beratung) wird im Folgenden der Begriff Mobiler Dienst verwendet.

Hervorhebungen

Je Themenbereich werden zunächst die möglichen Besonderheiten dargestellt, woraufhin grau hinterlegte Empfehlungen für den Unterricht folgen. Die Randspalte dient der Orientierung mittels Symbolen (s. folgende Übersicht) oder Schlagworten zum Absatz. Zu Begriffen, die durch eine Lupe und Kursivschrift hervorgehoben sind, gibt es im Glossar weitere Informationen. Am Ende eines Kapitels befinden sich Memos mit einer Zusammenfassung der wichtigsten Inhalte. Das letzte Kapitel enthält exemplarisches Praxismaterial zum besseren Verständnis bestimmter Maßnahmen.

 mögliche Besonderheiten   Empfehlungen

 Merke!   Glossar

1 Hörschädigungen, Hörhilfen, Wege der Kompensation

In diesem Kapitel werden die verschiedenen Arten von Hörschädigungen und technische Hilfsmittel für Schüler mit Hörschädigung vorgestellt. Eine Hörschädigung kann unter anderem Auswirkungen auf die Sprache, die Konzentrationsdauer und die zwischenmenschlichen Beziehungen haben. Außerdem wird auf mögliche Strategien des Schülers zur Kompensation von unzureichender Kommunikation eingegangen.

1.1 Arten und Grade von Hörschädigungen

1.1.1 Arten von Hörschädigungen

Die Ursache für eingeschränktes Hören kann an verschiedenen Orten zwischen Außenohr über Mittelohr, Innenohr und Hörnerv bis zum Gehirn liegen, die jeweils unterschiedliche Auswirkungen auf das Hören bewirkt. Je nach Ort der Störung unterscheidet man die Arten von Hörschädigungen (Abb. 1 und Tab. 1). Diese können zu zwei Gruppen zusammengefasst werden:

periphere und zentrale Hörschädigungen

- **periphere Hörschädigungen:** betreffen den Bereich vom Außenohr über Mittel- und Innenohr sowie den ersten Teil der Hörbahn
- **zentrale Hörschädigung:** liegt vor, wenn die weiteren Teile der Hörbahn oder die zuständigen Abschnitte im Gehirn in ihrer Funktion gestört sind, wie bei einer ⌕*Auditiven Verarbeitungs- und Wahrnehmungsstörung (AVWS)*

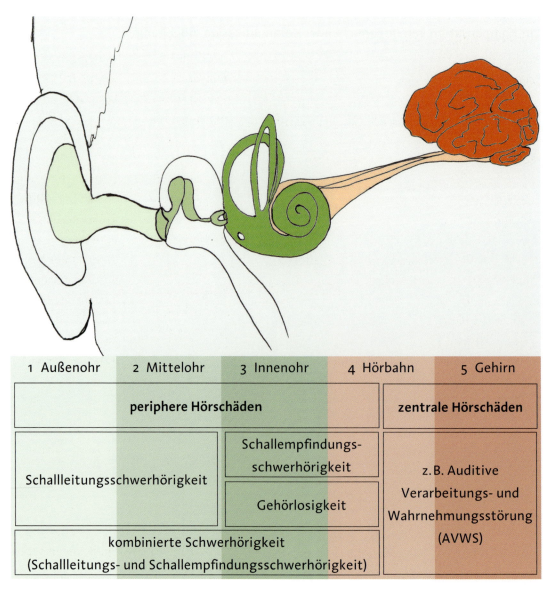

1 Außenohr	2 Mittelohr	3 Innenohr	4 Hörbahn	5 Gehirn
	periphere Hörschäden			zentrale Hörschäden
Schallleitungsschwerhörigkeit		Schallempfindungs-schwerhörigkeit		z. B. Auditive Verarbeitungs- und Wahrnehmungsstörung (AVWS)
		Gehörlosigkeit		
kombinierte Schwerhörigkeit (Schallleitungs- und Schallempfindungsschwerhörigkeit)				

Abb. 1: Unterscheidung peripherer und zentraler Hörschädigungen

Tab. 1 gibt einen Überblick über die Arten von peripheren und zentralen Hörschädigungen, die im Schulalter vorkommen können. Eine Hörschädigung kann von ♪*Tinnitus* („Ohrensausen") begleitet sein und eine psychische und kommunikative Herausforderung bedeuten.

Tab. 1: Arten von Hörschädigungen

Art	Ort der Störung	Höreindruck	Hörhilfe	Sprache
periphere Hörschädigungen				
Schallleitungs-schwerhörigkeit (SLS), auch: konduktive Schwerhörigkeit	Außen-/ Mittelohr	leise, gedämpft	Hörgerät	Lautsprach-erwerb auf na-türlichem Weg möglich
Schallempfin-dungsschwer-hörigkeit (SES), auch: sensori-neurale Schwer-hörigkeit	Innenohr/ Hörnerv	verzerrt, lückenhaft	Hörgerät oder CI (Cochlea Implantat); dennoch kein 100%-iges Hören	Lautsprach-erwerb mit Hör-hilfen möglich
kombinierte Schwerhörigkeit SLS+SES	zwischen Außenohr und Hörnerv			
Gehörlosigkeit hochgradige SES			Hörgewinn mit CI möglich; einge-schränkter Erfolg mit Hörgerät	Lautsprach-erwerb bei früher CI-Versorgung möglich
Ertaubung erworbene Gehör-losigkeit ab dem 3.–4. Lebensjahr	Innenohr/ Hörbahn	verzerrte Hörreste	meistens CI; oft effektiv, da Hörerfahrung	je nach Alter bei Ertaubung wurde Sprache bereits erworben und kann mittels CI ausgebaut werden
zentrale Hörschädigung				
Auditive Ver-arbeitungs- und Wahrnehmungs-störung (AVWS)	zentral (normales peripheres Gehör)	Wahrnehmung und/oder Ver-arbeitung des Gehörten unvoll-ständig	Übertragungs-anlage, optimierte Raumakustik	Sprachverstehen eingeschränkt

periphere Hör-
schädigungen

zentrale Hör-
schädigung

Simulationen von verschiedenen Hörschädigungen sowie die Änderungen bei Nutzung ♪*technischer Hörhilfen* und Geräte können unter facstaff.uww.edu/bradleys/radio/hlsimulation angehört werden.

1.1.2 Grad des Hörverlustes

Audiogramm

Ein Audiogramm wie in Abb. 2 stellt das subjektive Hören einer Person im Vergleich zur Norm dar. Horizontal sind die Frequenzen in Hertz (Hz bzw. kHz), also die Tonhöhen, vertikal der Hörpegel in Dezibel (dB), also die Lautstärken, angegeben.

Hörschwelle

Um die individuelle Hörfähigkeit zu messen, wird mittels Audiometer getestet, bei welcher Lautstärke ein Ton gerade noch wahrnehmbar ist. Diese Messung über verschiedene Frequenzen ermittelt die Hörschwelle. Eine Hörschwelle bei 0 dB entspricht dem definierten durchschnittlichen Mittelwert (normal-)hörender junger Erwachsener (Leonhardt 2010, 56) und ist

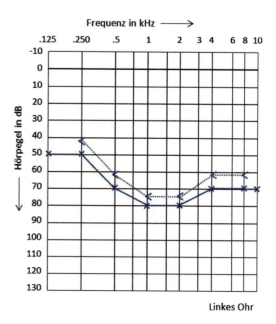

Abb. 2: Beispiel eines Audiogramms

hier als dicke schwarze Linie gekennzeichnet. Die in diesem Beispiel gemessene Hörschwelle des linken Ohres ist durch die blauen Linien dargestellt und liegt im Bereich zwischen 50 und 80 dB. Die durchgezogene blaue Linie bezeichnet die Messung per Luftleitung, also über Kopfhörer oder im freien Schallfeld, die gestrichelte Linie per Knochenleitung, also über einen Knochenleitungshörer am ◦Mastoid. Im Unterricht hört der Schüler über die Luftleitung.

In Abb. 3 sind in einem Audiogramm Symbole eingetragen, die die entsprechenden Geräusche verorten: Das Tropfen von Wasser erzeugt beispielsweise ein Geräusch bei etwa 250 Hz mit einer Lautstärke von ca. 10 dB. Die Laute der deutschen Sprache bewegen sich vorzugsweise in einem Frequenzbereich zwischen 500 und 4000 Hz. Ein normales Gespräch liegt bei einer Lautstärke von ca. 65 dB (durch die zwei sprechenden Personen dargestellt).

Grad des Hörverlustes

Außer den ◦Arten von Hörschädigung ist das Ausmaß bedeutsam, auch Grad des Hörverlustes genannt. Je nachdem, in welchem Dezibel-Bereich bei den verschiedenen Frequenzen die Hörschwelle liegt, wird von einer leicht-, mittel-, hochgradigen oder an Taubheit grenzenden Hörschädigung gesprochen (Abb. 3). In Abb. 2 und Abb. 3 ist die Hörschwelle (Luftleitung) durch die blaue durchgezogene Linie dargestellt und liegt im Bereich zwischen 50 und 80 dB. Je nach Frequenz wird in diesem Fall von einer mittel- bis hochgradigen Hörschädigung gesprochen, mit der Sprache ohne ◦Hörhilfen kaum wahrnehmbar ist.

Aufblähkurve

◦Hörhilfen heben die ◦Hörschwelle an. Die dadurch neu entstehende Hörkurve wird als Aufblähkurve bezeichnet und ist in Abb. 3 mit der gestrichelten orangen Linie gekennzeichnet. Sprache wird so besser, aber nie uneingeschränkt verständlich.

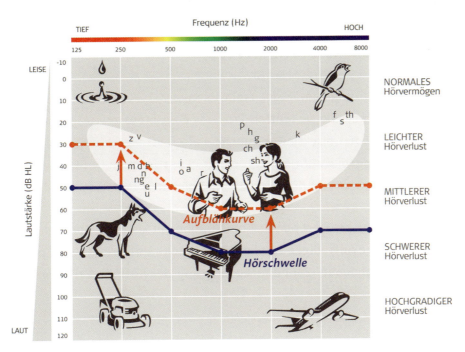

Abb. 3: Audiogramm

Die verschiedenen Hörschädigungen haben unterschiedlich hohen Einfluss auf das Sprachverstehen und die Sprachentwicklung. Eine frühzeitige Versorgung mit Hörhilfen, deren konsequente Nutzung und eine gezielte Förderung unterstützen die Laut- und Schriftsprachentwicklung.

Eine Hörschädigung kann auch einseitig auftreten. Diese Schüler hören leiser, unter Störgeräuschen schlechter und haben kein Richtungshören. Das Verstehen ist dadurch erschwert, sodass auch sie spezifische ₀didaktische Maßnahmen benötigen. Weitere Literatur dazu am Ende des Kapitels.

einseitige Hörschädigung

Zusatzinfo „Gebärdensprachlich kommunizierende Schüler"

Vorliegende Handreichung bezieht sich auf Schüler, die mittels ₀Lautsprache kommunizieren, da dies die größte Gruppe der inklusiv beschulten Schüler mit Hörschädigung ausmacht. Neben den lautsprachlich kommunizierenden gibt es die gebärdensprachlich kommunizierenden Schüler. Bei ihnen unterscheidet sich die Kommunikationssituation, sodass die in dieser Handreichung gegebenen Hinweise zum Sprachverstehen (Kap. 1.3.1) nicht bedingungslos übertragen werden können. Viele Aspekte der Handreichung treffen jedoch ebenso auf diese die Gebärdensprache nutzende Schülergruppe zu.

←

Zu beachten: Bei einem mit Gebärdensprache kommunizierenden Schüler in der Inklusion ist ein Gebärdensprachdolmetscher (in höheren Klassen auch ein Schriftsprachdolmetscher) nötig. Bei Interesse kann gemeinsam das ₀Fingeralphabet gelernt werden mit dem hörgeschädigten Schüler als Experten (Kap. 4.2). Ein Link mit weiteren Informationen findet sich in den Literaturangaben am Ende des Kapitels.

Dolmetscher

Zusatzinfo „Auditive Verarbeitungs- und Wahrnehmungsstörung (AVWS)"

Definition   Eine Auditive Verarbeitungs- und/oder Wahrnehmungsstörung (AVWS) liegt vor, wenn bei einer normalen Hörschwelle zentrale Prozesse des Hörens gestört sind: Ein Kind hört, versteht aber nicht. In der direkten Ansprache weisen Schüler mit AVWS häufig ein unauffälliges Erscheinungsbild auf und zeigen erst in bestimmten Unterrichtssituationen ihre Schwierigkeiten (Deutsche Gesellschaft für Phoniatrie und Pädaudiologie 2007).

Auffälligkeiten   **Zu beachten:** AVWS tritt isoliert oder in Kombination mit anderen Störungen auf. Es gibt einzelne oder mehrere Auffälligkeiten im Hör-, Sprach-, Unterrichts- und psychosozialen Verhalten (Abb. 4), wobei Zahl und Ausprägung der Auffälligkeiten variieren und die Diagnostik erschweren.

→

Mögliche Auffälligkeiten bei Schülern mit AVWS
Hörverhalten
▪ schlechtes Verstehen bei ⌕*Störgeräuschen*
▪ Verwechslung ähnlich klingender Wörter und Laute
▪ verlangsamtes Auswendiglernen (mangelndes auditives Gedächtnis)
▪ Geräuschempfindlichkeit, Meiden von Musik oder Hörspielen
Sprachverhalten
▪ Reden in kurzen Sätzen
▪ Suche nach Wörtern
▪ dysgrammatisches Sprechen
▪ häufig ausweichende Antworten oder episodische Berichte
Unterrichtsverhalten
▪ Probleme bei Diktaten, beim Lesen und Rechtschreiben
▪ geringe Konzentrationsfähigkeit
▪ langsames, desorientiertes Arbeiten
▪ Schwierigkeiten bei Gruppenarbeit
▪ visualisierte oder handlungsbezogene Darbietung von Aufgaben werden bevorzugt
Psychosoziales Verhalten
▪ verringertes Selbstwertgefühl und/oder Versagensängste
▪ Kontaktschwierigkeiten, auch aufgrund häufiger Missverständnisse

Abb. 4: Mögliche Auffälligkeiten bei AVWS im Hör-, Sprach-, Unterrichts- und psychosozialen Verhalten

 Schüler mit AVWS benötigen ähnliche ⌕*Rahmenbedingungen* und Unterstützung wie Schüler mit ⌕*peripherer Hörschädigung*. Die Empfehlungen aus dieser Handreichung für peripher hörgeschädigte Schüler können folglich auch für diejenigen mit AVWS genutzt werden. Der ⌕*Mobile Dienst* kann sowohl organisatorisch als auch didaktisch unterstützen.

Empfehlungen bei Schülern mit AVWS

Optimierung der äußeren ⌁*Rahmenbedingungen*

Rahmen-
bedingungen

Sitzposition (Kap. 3.1.2)

- Blick zu Mitschülern mit geringem Abstand zum Lehrer (oft Eckplatz vorne am Fenster)
- Einzeltisch, um Ablenkung zu reduzieren, oder neben ruhigem Nachbarn als Tutor

Akustische Bedingungen (Kap. 3.1.3)

- Vermeidung von Geräusch- und Lärmquellen (v. a. bei offenen Unterrichtsformen)
- Schaffen von Ruheinseln (abgeschirmter Arbeitsplatz, z. B. mit Gehörschutz)
- ⌁*Übertragungs*- oder Klassenbeschallungsanlage einsetzen (Lautsprecher)
- gezielte Wahl der Lage des Klassenzimmers (z. B. am Flurende, abseits der Straße)

Unterricht

Unterricht

Sprache und Kommunikation (Kap. 3.2.1)

- ⌁*Blickkontakt* zum Schüler
- deutliche, klare, reflektierte ⌁*Lehrersprache*
- kurze Sätze mit einfach strukturiertem Satzbau
- Einsatz von Gestik und Mimik
- Wiederholung von wesentlichen Beiträgen (durch Lehrer oder Mitschüler)
- Einhaltung von Gesprächsregeln (Kap. 4.3)
- Einhaltung von Sprechpausen
- Zeit zum Überlegen und Antworten einräumen

Methodisch-didaktische Maßnahmen (Kap. 3.2.2)

- ⌁*Strukturierung* und ⌁*Visualisierung* (Rituale, Wichtiges anschreiben, Wort-karten)
- Einsatz von ⌁*Symbolen* und akustischen Signalen
- Einsatz rhythmisch-motorischer Elemente (Silbenschwingen, Luftschreiben)
- Informationsdarbietung in kleineren Einheiten
- Einplanen von Konzentrations- und Ruhepausen
- Kurzzusammenfassung/Wiederholung durch den Schüler, Verständnisfragen
- Informationsstunde für die Klasse (Hörstunde, Hörprojekt)

Weitere Maßnahmen in Zusammenarbeit mit dem Mobilen Dienst

weitere
Maßnahmen

- Zusammenarbeit mit Fachdiensten (Hausaufgabenbetreuung, Logopädie, …)
- ⌁*Nachteilsausgleich* (bei Bedarf)
- Informations- und Fortbildungsveranstaltungen

(nach Lindauer 2009, besonders empfehlenswert S. 84f.)

1.2 Hörgeräte und weitere technische Hilfsmittel

Technische Hörhilfen können den Höreindruck verbessern, doch auch bei optimaler Einstellung und früher Versorgung kein natürliches Hören ermöglichen. Der Höreindruck bleibt verändert. Schwierigkeiten in der Kommunikation und psychosoziale Folgen können trotz der Hörhilfen nicht ausgeschlossen werden.

Gebräuchliche Hörhilfen sind in Tab. 2 zusammengefasst, bei Interesse können genauere Informationen zu den häufigsten Geräten in Kap. 1.2.1 nachgelesen werden.

1.2.1 Typische Hörhilfen

Tab. 2: Übersicht zu verbreiteten Hörgeräten, Implantaten und Übertragungsanlagen

Hörhilfe	Art der Hörschädigung	Sitz der Hörhilfe	Funktion	Abbildungsbeispiel
HdO-Gerät (Hinter-dem-Ohr-Gerät)	mittel-/hochgradige Schallleitungs-, Schallempfindungs- oder kombinierte Schwerhörigkeit	hinter der Ohrmuschel	im Hörgerät individuell veränderter Schall wird an das Ohr abgegeben	
IdO-Gerät (In-dem-Ohr-Gerät)	leicht-/mittelgradige Schallempfindungsschwerhörigkeit oder kombinierte Schwerhörigkeit	in Ohrmuschelhöhle oder komplett im Gehörgang		
(Bi-)CROS (Contralateral Routing Of Signals)	einseitige, nicht versorgbare Schwerhörigkeit (CROS) oder starker Unterschied der Ohren (BiCROS)	hinter der Ohrmuschel (wie HdO) oder in Ohrmuschelhöhle (wie IdO)	Schall wird drahtlos an besser hörendes Ohr gesendet für beidseitige Ansprechbarkeit	
BAHA (bone-anchored hearing aid)	Gehörgangsatresie (Fehlbildung)	Mastoid (Knochen hinter der Ohrmuschel)	Schallvibrationen über ⌕Knochenleitung direkt an das Innenohr	
CI (Cochlea Implantat)	Gehörlosigkeit/an Taubheit grenzende Schwerhörigkeit	Sprachprozessor hinter dem Ohr, Elektroden in Hörschnecke	Signal geht direkt an Hörnervenfasern (intakter Hörnerv nötig!)	
drahtlose Übertragungsanlage („FM-Anlage")	Schwerhörigkeit oder ⌕AVWS	(Hand- oder Kopf-)Mikrofon beim Sprecher, Empfangsgerät beim Schüler	Äußerungen am Mikrofon werden per Funk direkt an die Hörhilfe des Schülers übertragen und ggf. verstärkt	

Hörgeräte und Implantate

Hörgeräte und Implantate, sog. individuelle Hörhilfen, nehmen den Schall über das Mikrofon auf, modifizieren ihn mittels Verstärker und Prozessor nach den spezifischen Anforderungen des geschädigten Gehörs und geben ihn an das Ohr weiter. Digitale Geräte verfügen über eine Vielzahl von Funktionen und Programmen, die das ◌*Sprachverstehen* unter möglichst optimaler Ausblendung von ◌*Störgeräuschen* verbessern sollen. Eine beidseitige Hörschädigung sollte auch beidseits mit Hörhilfen versorgt werden, um einen möglichst natürlichen Höreindruck mit Richtungshören zu erreichen.

individuelle Hörhilfen

Die individuelle Einstellung und eine Überprüfung auf Funktion und Sitz sollte regelmäßig durch den ◌*Hörgeräteakustiker* bzw. durch das betreuende ◌*CI-Zentrum* erfolgen, besonders bei Personen, die sich noch im Wachstum befinden. Eltern und Lehrer sollten zudem auf konsequentes Tragen der Hörhilfe(n) achten. Die Krankenkasse übernimmt die Kosten für die Hörgeräteversorgung von Kindern und Jugendlichen bis zum vollendeten 18. Lebensjahr.

Umgang mit Hörhilfen

HdO-Gerät

Zu den meist verbreiteten individuellen Hörhilfen zählt das Hinter-dem-Ohr-Gerät (kurz: HdO-Gerät), das hinter der Ohrmuschel getragen wird (Abb. 5). Das Ohrpassstück im Gehörgang (Otoplastik) überträgt den im Hörgerät veränderten Schall an das Ohr.

In der Regel ist ein Audioeingang vorhanden, der das Verbinden mit Audiogeräten (Fernseher, PC usw.) oder ◌*Übertragungsanlagen* ermöglicht. Dazu kann auf den Audioeingang ein Adapter, der Audioschuh, gesteckt werden, der über ein Kabel oder per Funk mit den Geräten verbunden wird. Diese direkte Übertragung ermöglicht einen verbesserten Höreindruck.

Abb. 5: HdO-Gerät

Abb. 6: BAHA mit Stirnband

Knochenleitungshörgerät

Das Knochenleitungshörgerät (bone-anchored hearing aid, kurz: BAHA®) wird bei einer Fehlbildung des Gehörgangs verwendet. Es wird operativ oder durch ein Stirnband am Knochen hinter der Ohrmuschel (Mastoid) befestigt (Abb. 6). Diese Hörhilfe umgeht den Weg über das Außen- und Mittelohr (z. B. bei Missbildung der Ohrmuschel oder des Gehörgangs, Allergien oder ◌*einseitiger Hörschädigung*), indem es Schallvibrationen an den Schädelknochen und in der Folge direkt an das funktionsfähige Innenohr abgibt. Ein ◌*Audioeingang* für Übertragungsanlagen und anderes Zubehör ist optional verfügbar.

Cochlea Implantat

Indikation   Bei einer Schädigung der Haarzellen in der Hörschnecke (Cochlea) kann ein Cochlea Implantat (kurz: CI) operativ eingesetzt werden. In die Hörschnecke eingeführte Elektroden umgehen die geschädigten Haarzellen und geben das Signal direkt an die funktionsfähigen Hörnervenfasern weiter.

Funktionsweise   Beim Hören mit CI wird der Schall durch ein Bauteil mit Mikrofon, Sprachprozessor und Batterie aufgenommen. Es kann wie ein ⌕*HdO-Gerät* hinter der Ohrmuschel getragen oder etwa bei Kleinkindern an der Kleidung fixiert werden. Am ⌕*Mastoid,* dem Knochen hinter der Ohrmuschel, befindet sich die damit verbundene, durch Magneten gehaltene Sendespule. Sie leitet diese Signale an die Empfängerspule unter der Haut und an die Elektroden in der Hörschnecke weiter (Abb. 7).

Rehabilitation   Die Eltern müssen im Austausch mit den Lehrern die regelmäßige Nachsorge durch den zuständigen Ansprechpartner (⌕*Hörgeräteakustiker* oder ⌕*CI-Zentrum*) sicherstellen, bei dem der Sprachprozessor angepasst wird. Außerdem hilft individuelle ⌕*Hörerziehung,* um das vorhandene Hören auszubauen.

Wie beim Hörgerät kann beim CI über einen ⌕*Audioeingang* die Verbindung mit externen Geräten hergestellt werden.

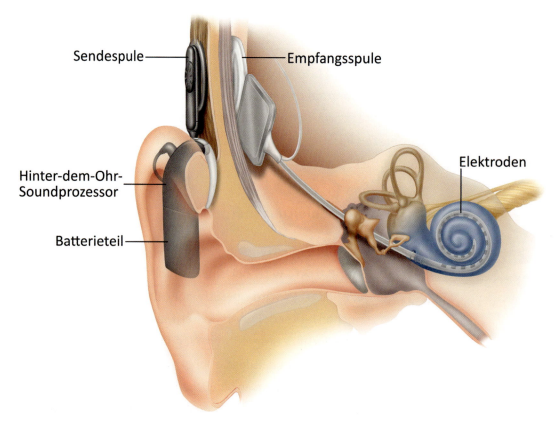

Abb. 7: Querschnitt eines Ohres mit implantiertem CI

Drahtlose Übertragungsanlage („FM-Anlage")

Die in der allgemeinen Schule am häufigsten eingesetzte Anlage ist die drahtlose Übertragungsanlage, die häufig noch mit dem früher üblichen Begriff „FM-Anlage" bezeichnet
wird (mobile frequenzmodulierte Anlage). Der Lehrer bzw. der aktuelle Sprecher trägt
eine Sendeeinheit mit Mikrofon. Die Äußerungen werden durch Funksignale an die Emp-
fangseinheit des Schülers geschickt. Diese gibt die Sprachsignale über den ⌕*Audio-*
eingang an die Hörhilfe weiter, d.h. an das Hörgerät, das Cochlea Implantat oder bei
AVWS an den Kopfhörer. Somit können die Informationen über eine größere Distanz
unter Ausblendung von ⌕*Störgeräuschen* und ohne Lautstärkeverlust empfangen werden. Für Sprachbeiträge von Mitschülern sollten weitere Mikrofone, z.B. Handmikrofone,
zum Weitergeben eingesetzt werden (Abb. 8).

Funktionsweise

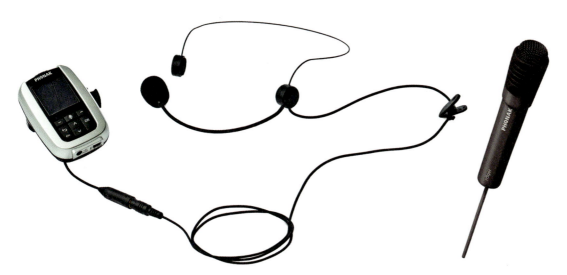

Abb. 8: Drahtlose Übertragungsanlage („FM-Anlage") und Handmikrofon

1.2.2 Versorgung und Nutzung der Hörhilfen

Die überwiegende Zahl der peripher hörgeschädigten Schüler ist mit Hörgeräten oder
Cochlea Implantaten versorgt. Sie sollten diese kontinuierlich tragen, da so das Hörverstehen und die ⌕*Aufmerksamkeit* deutlich verbessert werden. Die Verwendung der Hörtechnik sollte von der Lehrkraft unterstützt werden, indem auf die Funktionsfähigkeit
und richtige Anwendung der Geräte geachtet wird (Memo „Hörgeräte und weitere technische Hilfsmittel").

**Verbesserung des
Hörverstehens**

⌕*Störgeräusche* im Klassenzimmer können individuelle Hörhilfen oft nicht ausreichend
kompensieren – eine drahtlose Übertragungsanlage kann diesen Störlärm „umgehen".
Besonders in der Pubertät gilt es, darauf zu achten, ob die Geräte genutzt werden oder
ob der Schüler sie ablehnt. Mögliche Hintergründe für diese Ablehnung stellt Abb. 9 dar,
gefolgt von Empfehlungen bei ihrer Nutzung.

**drahtlose Über-
tragungsanlage**

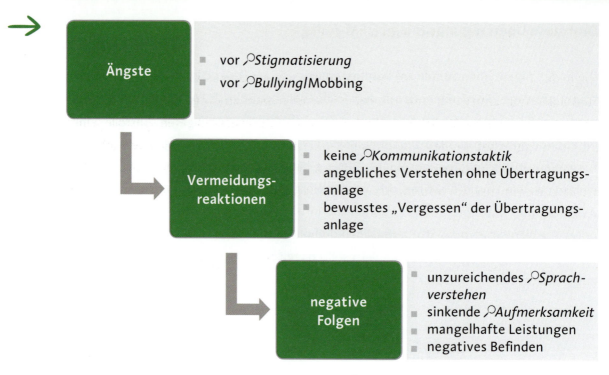

Abb. 9: Hintergründe bei Ablehnung von Hörhilfe oder Übertragungsanlage durch den Schüler

Empfehlungen zu Hörhilfen und Übertragungsanlage

Vorbildfunktion

- Die Lehrkraft sollte kontinuierlich auf die Nutzung der Übertragungsanlage achten. Es kann sinnvoll sein, sie im Rahmen einer Unterrichtsstunde über das „Hören" zu thematisieren (Kap. 3.1.4).

Hörtechnik-Beauftragter

- Gibt es mehrere Schüler mit Hörschädigung an einer Schule, kann eine Person bestimmt werden, die mit der Prüfung von Funktionalität und Nutzung der Übertragungsanlagen beauftragt ist.

Weitergabe des Mikrofons

- Die Weitergabe des Mikrofons zum jeweils sprechenden Mitschüler ist für den Schüler mit Hörschädigung wichtig. Dafür kann ein zweites Sendemikrofon angeschafft werden. Zugleich ist es das Signal: „Es spricht nur derjenige, der das Mikrofon hat!". Das unterstützt die *Gesprächsdisziplin,* die *Strukturierung* und vermeidet Lärm. Sind die Schüler an dieses Prozedere gewöhnt, sollte die Spontanität des Unterrichts nicht beeinträchtigt sein.

Anwendung spezifischer didaktischer Maßnahmen

- Trotz der Nutzung der Übertragungsanlage sind dennoch *hörgeschädigtenspezifische Maßnahmen* notwendig (Kap. 3.2).

Memo: Hörgeräte und weitere technische Hilfsmittel

Folgende „Checkliste" bietet Tipps, wie man Hörhilfen und Übertragungsanlagen auf ihre Funktion überprüfen kann. Zudem werden Hinweise über den Umgang mit den Geräten im Unterricht gegeben. Der Schüler sollte zur zunehmend selbstständigeren Kontrolle seiner Hörhilfen angeleitet werden. Sowohl bei der Förderung zur Selbstständigkeit als auch mit genauen Informationen zu den Hörhilfen kann der ✎Mobile Dienst helfen. Viele Hersteller bieten im Internet Informationen, Anleitungen und Checklisten für ihre Geräte an.

Hörgeräte und weitere technische Hilfsmittel

Memo

 auf kontinuierliches Tragen achten
- Vorhandensein und Verwendung der Geräte prüfen
- bei jüngerem Schüler optimalen Sitz der Hörhilfe sicherstellen
- bei Nichtverstehen, Missverständnissen oder auffälligen Veränderungen des Arbeitsverhaltens Hörhilfen auf Batteriestand und Funktion prüfen

 Batterien und Funktion prüfen
- täglichen Funktionscheck durchführen mit einer Frage oder Aufforderung an den Schüler, um zu sehen, ob er versteht
- bei Übertragungsanlage („FM-Anlage") hilft die Anzeige des Geräts (Batteriestand, Fehlermeldung etc.; siehe Anleitung des Herstellers)
- Sichtbefund auf Schäden, Verbindungen und Passung
- von Schüler oder Eltern Ersatzbatterien/Ladegerät geben lassen
- bei Problemen Schüler oder Eltern informieren

 Übertragungsanlage: Mikrofon weitergeben (Kap. 1.2.2 und 3.1.4)
- im ✎Unterrichtsgespräch als ✎Erzählstein verwenden ➠ nur eine Person spricht
- möglichst auch außerhalb des Klassenzimmers verwenden, z.B. bei Schulfeier
- mit Audiogeräten (z.B. TV) verbinden und Funktion prüfen (siehe Anleitung des Herstellers)
- mit Schülern ein Zeichen vereinbaren, um diskret auf Verwendung oder Weitergabe aufmerksam zu machen

 ruhige Lernatmosphäre schaffen (Kap. 3.1.3)
- Begründung: Hörhilfen verstärken auch ✎Störgeräusche
- Lärmquellen vermeiden (✎akustische Bedingungen), ✎Gesprächsdisziplin fördern
- bei Einzelarbeit oder bei lärmerfüllten Unterrichtsräumen, wie beim Handwerken, Hörhilfe und Übertragungsanlage vorübergehend ausschalten (✎Hörpause)

 das Verstehen trotz Hörtechnik durch didaktische Maßnahmen erleichtern (Kap. 3)
- viel ✎Visualisierung einplanen
- ✎Strukturierung mit ✎Ritualen und ✎Hörpausen einsetzen
- auf deutliche ✎Lehrersprache und Mitschüleraussagen achten und ✎Absehen ermöglichen

1.3 Mögliche Auswirkungen einer Hörschädigung und Wege der Kompensation

Die Hörschädigung eines Schülers kann Auswirkungen auf sein Sprachverstehen, seine Aufmerksamkeit sowie sein Sozialverhalten haben und somit negative Folgen für den Unterricht mit sich bringen. Abb. 10 stellt dar, wie diese Aspekte durch die Hörschädigung ins „Wanken" geraten können und den Unterricht beeinflussen. Neben Interventionsmöglichkeiten durch die Lehrkraft gibt es verschiedene Strategien, die der Schüler mit Hörschädigung zur Verbesserung der Situation entwickeln und anwenden kann (Kap. 1.3.4).

Abb. 10: Mögliche Auswirkungen einer Hörschädigung

1.3.1 Auswirkungen auf das Sprachverstehen

Sprachverstehen und Kommunikation

Eine Hörschädigung hat Auswirkungen auf die Lautsprachentwicklung und in dessen Konsequenz auch auf die Schriftsprachentwicklung. Das Sprachverstehen des Schülers mit Hörschädigung ist in der Kommunikation mit ihm schwer einzuschätzen. Meist wird es von der Lehrkraft insgesamt positiver wahrgenommen als von anderen an der Inklusion Beteiligten, wie dem *Mobilen Dienst,* den Mitschülern oder dem Betroffenen selbst. Es kann sein, dass der Schüler in einem Zweiergespräch mit dem Lehrer gut versteht, dem Unterricht jedoch durch *Störgeräusche* und wechselnde Sprecher nicht oder nur unzureichend folgen kann, was belastet und ermüdet. Häufig ist nicht klar, ob der Schüler das Gesagte inhaltlich oder akustisch nicht versteht.

Verstehen schwer einschätzbar

Das auditive Verstehen kann durch eine klare Sprache, Verschriftlichung und Wiederholungen bzw. Zusammenfassungen durch die Lehrkraft unterstützt werden (*Lehrersprache*). Durch Nachfragen und anhand von Lernstandsanalysen lässt sich das Verständnis des Schülers besser einschätzen.

Außerdem ist das Verstehen stets individuell. Es ist abhängig von:

individuelles Sprachverstehen

- Art und Einstellung der Hörhilfen
- entwickelten *Kompetenzen* und *Kommunikationstaktiken* des Schülers
- sprachlicher Rücksichtnahme und *Zusammenarbeit* aller Beteiligten
- *organisatorischen Bedingungen* (Sitzordnung, Akustik, Störlärm etc.)

Das Verstehen wird folglich durch eine Reihe von Faktoren beeinflusst, die *Art* und der *Grad* des Hörverlustes erlaubt noch keine Aussage über das mögliche Sprachverstehen. Auf eine möglichst günstige Erfüllung dieser vielen Faktoren sollte stets geachtet werden, siehe dazu u.a. die Hinweise auf S. 22 zu den *Interventionen* für besseres Sprachverstehen.

Schüler mit Hörschädigung profitieren beim Verstehen von Sprache von *hörgeschädigtenspezifischen Maßnahmen* wie Visualisierung. Dies trifft auch bei leicht- oder mittelgradigen sowie einseitigen Hörschädigungen zu. Außerdem wird für das Sprachverstehen die konsequente Nutzung der *Hörhilfe(n)* (Kap. 1.2.2) empfohlen.

Mögliche Folgen von unzureichendem Sprachverstehen und Interventionen

 Diese negativen Folgen können sich aus unzureichendem Sprachverstehen für den Unterricht und das soziale Gefüge ergeben:

- unbefriedigende Kommunikation
- Unsicherheit und Missverständnisse, auch bei ironischen oder scherzhaften Aussagen
- zu geringe Unterstützung durch die Lehrer
- ⌕*Bullying/* Mobbing durch Mitschüler (fortführend Kasper 2001)
- psychisch-emotionale Belastung
- geringe ⌕*Leistungsbereitschaft,* problematische Hausaufgabensituation
- Wissensdefizit, was das Verstehen von Inhalten erschwert, und schlechte Leistungen

Abb. 11 zeigt Interventionen, die die Lehrkraft einleiten kann, um ein besseres Sprachverstehen des Schülers und somit eine günstigere Kommunikationssituation zu erreichen. Für Gesprächsdisziplin und Rücksichtnahme kann das Arbeitsblatt „Miteinander" (Kap. 4.3) erarbeitet werden.

Abb. 11: Empfehlungen für ein besseres Sprachverstehen

 Schlechte Noten oder Leistungsverweigerung des Schülers sind meist nicht auf persönliche Defizite zurückzuführen, sondern können mit der herausfordernden Situation und mangelndem ⌕*Selbstbewusstsein* begründet werden. Gesichertes Sprachverstehen durch ⌕*didaktische Maßnahmen* verhindert Missverständnisse und ermöglicht ungehindertes Lernen.

1.3.2 Auswirkungen auf die Aufmerksamkeit

Schüler mit Hörschädigung können sprachliche Informationen weniger beiläufig aufnehmen wie ihre hörenden Mitschüler, was ihnen eine höhere Aufmerksamkeit und Konzentration abverlangt. Unvollständig Wahrgenommenes muss ergänzt und kombiniert werden. Dies führt sowohl im Unterricht als auch in den Pausen zu einer schnellen Ermüdung und kann beim Schüler Stress auslösen.

Nach Hartmann (2001, 36; Tab. 3) gelten für hörende Schüler folgende Konzentrationsspannen, die bei einer Hörschädigung entsprechend niedriger vermutet werden:

Tab. 3: Konzentrationsspanne von hörenden Schülern

Alter	5–7 Jahre	7–10 Jahre	10–12 Jahre	> 12 Jahre
⌕Konzentrationsspanne	15 Minuten	20 Minuten	25 Minuten	30 Minuten

Viele Schüler mit Hörschädigung bringen eine hohe Leistungsbereitschaft mit und bemühen sich um gute Mitarbeit. Die Leistungsfähigkeit und Aufmerksamkeit des Schülers wird von den gegebenen ⌕*Rahmenbedingungen* beeinflusst, z.B. den ⌕*akustischen* und *optischen Bedingungen,* der Tagesform und -zeit oder der ⌕*Strukturierung* des Unterrichts.

Leistungsbereitschaft

Empfehlungen zur Aufmerksamkeit

bei Stundenplanung Konzentrationsspannen beachten
- komplexe Inhalte möglichst zu Beginn des Unterrichts(-tages) einbringen
- ⌕*Hör- und Absehpausen* einplanen
- ⌕*Rituale* einsetzen, da vertraute Unterrichtssituationen die Konzentration erleichtern

Aufmerksamkeit des Schülers mit Hörschädigung beobachten
und bei schwindender Aufmerksamkeit entgegenwirken
- z.B. durch ⌕*Sozialformwechsel* oder ⌕*Hör- und Absehpause*
- Schüler ins Gespräch einbinden, bevor seine Konzentration schwindet

günstige Wahrnehmungsbedingungen und didaktische Kriterien
berücksichtigen (Kap. 3)
- Wahrnehmungsbedingungen: Hörtechnik nutzen, Lärmpegel reduzieren, stets gute Beleuchtung sicherstellen
- deutliche ⌕*Lehrersprache* mit nonverbalen Impulsen anbieten
- auf den aktuellen Sprecher aufmerksam machen (benennen oder hinweisen)

1.3.3 Auswirkungen im sozialen und emotionalen Bereich

Rolle der Mitschüler

Die soziale und emotionale Integration des Schülers mit Hörschädigung im Klassenverband ist ein wichtiger Bestandteil der gemeinsamen Beschulung. Hier können alle beteiligten Personen Einfluss nehmen: der Lehrer als Vorbild im Umgang mit ihm, die Mitschüler durch Rücksichtnahme im Gespräch sowie Akzeptanz und Einbezug des inkludierten Schülers. Der Schüler mit Hörschädigung soll auf seine Umgebung zugehen und auf kommunikativ schwierige Situationen hinweisen. Der Einfluss der Mitschüler auf seine soziale Integration ist meistens bedeutungsvoller als der der Lehrer. Daher ist die ⌕*Sensibilisierung* der Mitschüler von großer Bedeutung.

→

soziale Integrationsprobleme

Schwierigkeiten in der sozialen Integration können auftreten durch:

- Ausschluss aus der Klassengemeinschaft durch problematische Kommunikation oder Fehlinterpretation des Verhaltens des Schülers mit Hörschädigung
- Neid der Mitschüler (⌕*Nachteilsausgleich*, ⌕*Sonderrolle* etc.)
- fehlende Bereitschaft zur Rücksichtnahme bei Mitschülern
- Identitätsprobleme beim inkludierten Schüler (sog. „Bezugsgruppenkonflikt", d. h. innerer Konflikt bezüglich Zugehörigkeit zur hörenden oder hörgeschädigten Peergroup)

Mit dem Bemühen aller Beteiligten können diese sozialen und emotionalen Auffälligkeiten weitgehend umgangen und die soziale Integration gestärkt werden.

Empfehlungen zur sozialen und emotionalen Integration

Mitschüler aufklären und sensibilisieren (⌕*Klassenklima*)

- Verständnis und Rücksichtnahme schaffen
- bei ⌕*Bullying*/Mobbing eingreifen und Probleme klären
- der Banknachbar wirkt im Unterricht oft unterstützend, dies möglichst zulassen

Selbstbewusstsein des Schülers mit Hörschädigung stärken

- ⌕*Kommunikationstaktik* und andere ⌕*Kompetenzen* weiterentwickeln
- Kontakt zu anderen Schülern mit Hörschädigung unterstützen, z.B. durch Schulprojekt oder Ausflug
- Austausch mit gleichaltrigen und erwachsenen Personen mit Hörschädigung zur Identitätsfindung anregen
- das Unterrichtsbeispiel „Der dreibeinige Hocker des Selbstvertrauens" (Kap. 1.3.4) durchführen
- Maßnahmen zur Stärkung des Selbstbewusstseins können durch den ⌕*Mobilen Dienst* eingeführt und durch Lehrkräfte im Unterricht fortgeführt werden

entspannte Unterrichtsgestaltung erzielen

- didaktische Rücksichtnahme (Kap. 3.2)
- ⌕*Sonderrolle* des Schülers mit Hörschädigung vermeiden
- evtl. lässt sich für eine entspannte Hausaufgabensituation Förderunterricht einrichten

1.3.4 Wege der Kompensation

Trotz der Unterstützungsmöglichkeiten durch den Lehrer bleibt die Hauptleistung für gelingende Kommunikation beim Schüler mit Hörschädigung selbst. Er muss sich mit vorhandenen Bedingungen arrangieren (eventuell ungünstige ♪akustische Bedingungen, mangelnde Rücksichtnahme etc.). Für den Schüler ist es schwierig, aber wichtig, nachfolgend beschriebene Kompetenzen und Strategien zu entwickeln und anzuwenden.

Hier ist insbesondere die Kommunikationsfähigkeit des Schülers von Bedeutung. Einerseits sind für das gegenseitige Verstehen seine grundsätzlichen Fähigkeiten bezüglich Sprache, Sprechen und ♪Absehen maßgeblich. Andererseits kann er selbst die Voraussetzungen eines Gesprächs optimieren – durch sogenannte Kommunikationstaktik oder Hörtaktik. Hierbei weist er von sich aus konsequent auf günstigere Kommunikationsbedingungen hin. Damit ist seine ♪Aufmerksamkeit entlastet und eine längere ♪Konzentrationsspanne möglich.

Kommunikationstaktik

Kommunikationstaktik des Schülers

aktive Gesprächslenkung

- nach dem Thema fragen
- bei Verständnisproblemen nachfragen, z. B. „Ich habe … verstanden. Ist das richtig?"
- ggf. andere Formulierung erbitten oder aufschreiben lassen

Umgebung optimieren

- Akustik verbessern: ♪Hörhilfe konsequent tragen, ♪Störgeräusche vermeiden
- Gesprächspartner richtig positionieren:
  - für ♪Absehen einen Abstand zwischen 50 cm und 3 m einhalten
  - auf bessere Hörseite und auf Augenhöhe setzen bzw. stellen
  - um ♪Blickkontakt bitten
- Beleuchtung:
  - Licht einschalten, um gut absehen zu können
  - mit dem Rücken zum Fenster sitzen, um nicht geblendet zu werden

Die Lehrkraft sollte den Schüler mit Hörschädigung bei dieser Strategie unterstützen und ggf. die Mitschüler auf deren Beachtung hinweisen. Sie schafft günstige ♪akustische Bedingungen, die allen Schülern nützt. Dabei muss sensibel vorgegangen werden, um keinen zu hohen Druck auszuüben. Außerdem sollte das jeweilige Alter des Schülers bedacht werden, da er im Grundschulalter offener für solche Strategien sein könnte als in der Pubertät.

Aufklärung der Mitschüler

Darüber hinaus kann der Schüler versuchen, die eigene Hörschädigung zu erklären (von Mende-Bauer 2007, 20):

- Steckbrief oder Bild „Wie ich höre": z.B. am rechten Ohr höre ich besser, hohe Töne höre ich kaum
- Ein Mitschüler spricht einen Satz und der Schüler mit Hörschädigung schreibt auf, was er gehört hat:
  - ohne ⌒*Hörhilfe,* ohne ⌒*Absehen*
  - ohne Hörhilfe, mit Absehen
  - mit Hörhilfe, ohne Absehen
  - zuletzt die besten Bedingungen zeigen: mit Hörhilfe, Absehen und Kommunikationstaktik/Nachfragen
- Wenn der Schüler das ⌒*Fingeralphabet* (Buchstabieren mit einer Hand) beherrscht, kann er es erklären und somit bei problematischen Wörtern Hilfe erhalten.

> Eine Hörschädigung kann auch mit Hörhilfen, Absehen und Kommunikationstaktik nie ganz ausgeglichen werden und benötigt bestimmte ⌒*didaktische Maßnahmen* und Rücksicht.

weitere Kompetenzen

Neben der Kommunikationstaktik werden vom Schüler mit Hörschädigung weitere Kompetenzen gefordert (Abb. 12). Für die Förderung dieser Kompetenzen sind nachfolgend entsprechende Empfehlungen beschrieben.

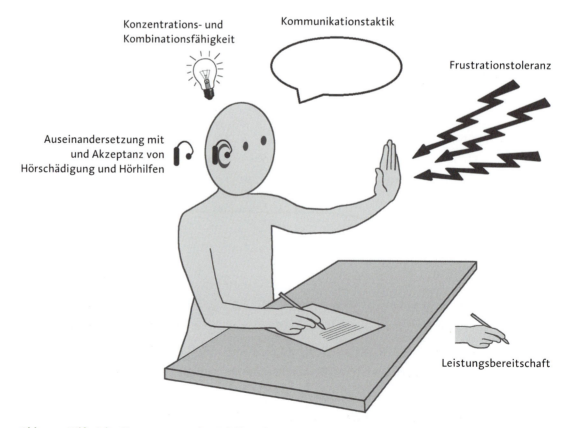

Abb. 12: Hilfreiche Kompetenzen des Schülers für eine erleichterte Unterrichtssituation

Empfehlungen zur Förderung der Kompetenzen

Kommunikationstaktik unterstützen

- zeigen, dass Kommunikationstaktik gewünscht ist, ggf. daran erinnern
- Mitschüler sollen Wünsche des Schülers mit Hörschädigung berücksichtigen; der Lehrer ist Vorbild (zum Schüler sprechen, ⌕*Übertragungsanlage* nutzen etc.)

Konzentrations- und Aufmerksamkeitsfähigkeit fördern

- für längere Konzentration ⌕*Hör- und Absehpausen* einplanen, ⌕*Sozialformwechsel*
- Konzentration spielerisch fördern (auch durch Einbezug der gesamten Klasse)
- Unterrichtsbeispiele:
  - Einstieg: „Ich packe meine Koffer" (rein kognitiv) oder „Klassenball" (kognitiv und motorisch; Ball wird nach Zuzwinkern geworfen)
  - zwischendurch oder zum Stundenende: Memoryspiele oder Kopfrechenralley
  - Konzentrationsübungen aus „Lions Quest: Erwachsen werden"

Leistungsbereitschaft fördern

- Motivationen schaffen und zu Erfolgen verhelfen
- loben und Tokensysteme für einzelnen Schüler oder im Klassenverband einsetzen (z. B. Muggelsteine, Stickertabelle)

Auseinandersetzung mit und Akzeptanz von Hörschädigung und Hörhilfen erzielen

- ggf. ⌕*Thematisierung der Hörschädigung* im Klassenverband
- auf Tragen der Hörhilfen achten

Frustrationstoleranz steigern

- beim Spiel verlieren können, evtl. mit Tokensystem
- ⌕*Selbstbewusstsein* stärken
- Unterrichtsbeispiel: „Der dreibeinige Hocker des Selbstvertrauens" (dies und mehr in „Lions Quest: Erwachsen werden"):
  - Einstieg: Üben, auf einem Bein zu stehen. Erst alleine, dann zu zweit, dann zu dritt, dabei werden die Schüler durch außenstehende Person ins Wanken gebracht. Schilderung der Erlebnisse. Überleitung zum Stichwort „Selbstvertrauen".
  - Erarbeitung: Selbstvertrauen eines Menschen ist wie ein dreibeiniger Hocker (Bild eines dreibeinigen Hockers): Jeweils ein Bein steht für „Fähigkeiten haben/entwickeln", „Anerkennung bekommen" und „Verantwortung übernehmen". Sammeln von Beispielen zusammen mit den Schülern.
  - Reflexion: Schüler beschriften ihren Hocker mit auf sie selbst bezogenen Beispielen.
  - Abschluss: Schüler bauen aus ihren Beiträgen gemeinsam einen Hocker.

Memo: Mögliche Auswirkungen einer Hörschädigung und Wege der Kompensation

Es gibt verschiedene Arten und Grade von Hörschädigungen, die in einem Audiogramm visualisiert werden können. Dennoch ist jede Hörschädigung individuell und kann verschiedene Auswirkungen mit sich bringen, die insbesondere das Sprachverstehen, die Aufmerksamkeit sowie soziale und emotionale Aspekte betreffen. Durch entsprechende Interventionen der Lehrer, durch das Trainieren der Fähigkeiten und Kompetenzen des Schülers sowie durch Empathie und Verständnis aller Beteiligten kann sich die Situation in der Klasse positiv gestalten.

Mögliche Auswirkungen und Kompensation

Memo

jede Hörschädigung berücksichtigen, auch einseitige, leicht- oder mittelgradige Hörschädigungen (Kap. 1.3.1)
- Auch diese Schüler brauchen deutliche Kommunikation und Visualisierung.
- Denn: Ein Hören mit Hörhilfe bleibt ein verändertes Hören.

Sprachverstehen sicherstellen (Kap. 1.3.1)
- Verstehen durch Beobachtung und Kontrolle der Mitschriften überprüfen
- Klarstellen, dass Schüler nachfragen darf und soll
- Sprachverstehen ist oft weniger gut, als es scheint ➡ Verstehen unterstützen durch ⌕*strukturierten* Unterricht mit Wiederholungen, ⌕*Visualisierung* etc.
- Kommunikationstaktik fördern und Missverständnisse vermeiden

Aufmerksamkeit möglichst lange erhalten (Kap. 1.3.2)
- bei Stundenplanung Konzentrationsspannen berücksichtigen und Wechsel der ⌕*Sozialform* einplanen
- Aufmerksamkeit beobachten und auf dessen Nachlassen reagieren
- günstige Wahrnehmungsbedingungen schaffen (Kap. 3.1)

soziale und emotionale Integration unterstützen (Kap. 1.3.3)
- ⌕*Sensibilisierung* der Mitschüler
- Selbstbewusstsein des Schülers stärken, ggf. Kontakte zu anderen Schülern mit Hörschädigung empfehlen
- rücksichtsvolle Unterrichtsgestaltung zur Vermeidung von psychischem Druck

Kompetenzen fördern (Kap. 1.3.4)
- Kommunikation: Kommunikationstaktik fördern, Rücksichtnahme stärken
- Aufmerksamkeit: Konzentrationsspiele und Pausen einplanen
- Leistungsbereitschaft: Lob und Erfolge bieten
- Hörhilfen: auf Nutzung achten, Hörschädigung evtl. thematisieren
- Frustrationstoleranz: Spiele spielen (Verlieren lernen), Selbstbewusstsein stärken

Weiterführende Literatur

Grundlegende Informationen

Hartmann, H. (2001): Integrativer Unterricht am Lohmühlen-Gymnasium, Hamburg. In: Spektrum Hören, 7 (4), 32–41

Jacobs, H., Schneider, M., Wisnet, M. (2004): Hören, Hörschädigung. Informationen und Unterrichtshilfen für allgemeine Schulen. Der Paritätische Wohlfahrtsverband, Landesverband Hessen e.V.

Kasper, H. (2001): Streber, Petzer, Sündenböcke – Wege aus dem täglichen Elend des Schülermobbings. AOL-Verlag, Hamburg, 15ff.

Leonhardt, A. (2010): Einführung in die Hörgeschädigtenpädagogik. 3. Aufl. Ernst Reinhardt, München/Basel

Berichte von Betroffenen und Forschungsergebnisse

Leonhardt, A. (Hrsg.) (2009): Hörgeschädigte Schüler in der allgemeinen Schule. Theorie und Praxis der Integration. Kohlhammer, Stuttgart

Simulationen von verschiedenen Hörschädigungen sowie Änderungen bei Nutzung technischer Hörhilfen und Geräte (o. J.). In: facstaff.uww.edu/bradleys/radio/hlsimulation, 30. 3. 2015

Einseitige Hörschädigung

Unterrichtstipps der Elbschule (o. J.). In: www.sfh.hamburg.de/index.php/file/download/4472, 30. 3. 2015

Gebärdensprachlich kommunizierende Schüler

Voss, S., Kestner, K. (2012): Leitfaden für RegelschullehrerInnen – Keine Angst vor gehörlosen Kindern. Verlag Karin Kestner oHG. In: www.kestner.de/n/elternhilfe/verschiedenes/Regelschule_Leitfaden_LehrerInnen.pdf, 30. 3. 2015

Auditive Verarbeitungs- und Wahrnehmungsstörung (AVWS)

Deutsche Gesellschaft für Phoniatrie und Pädaudiologie (2007): Auditive Verarbeitungs- und Wahrnehmungsstörungen. Konsensus-Statement. In: HNO (55), 61–72

Lindauer, M. (Hrsg.) (2009): Schülerinnen und Schüler mit Auditiven Verarbeitungs- und Wahrnehmungsstörungen (AVWS). Abschlussbericht zum Forschungsprojekt. Ed. Bentheim, Würzburg

Unterrichtstipps der Elbschule (o. J.): In: www.sfh.hamburg.de/index.php/file/download/4469, 30. 3. 2015

Materialien zur Förderung der auditiven Wahrnehmung. In: www.bdh-rheinlandpfalz.de/arbeits kreise/ak_sued_auditive_wahrnehmung_materialien_gesamt_07.pdf, 30. 3. 2015

Kommunikationskarten oder Fingeralphabet für die Hosentasche

Berufsbildungswerk München, Förderschwerpunkt Hören und Sprache: Sehen & Verstehen. Münchner Tipps zur Kommunikation mit hörgeschädigten Partnern. Online bestellbar unter: www.bbw-muenchen.de/infomaterial/, 30. 3. 2015

Kommunikationstaktik

von Mende-Bauer, I. (2007): So verstehe ich besser! Hörtaktik und Kommunikationstraining für Kinder und Jugendliche mit einer Hörschädigung. Ernst Reinhardt, München

Unterrichtsvorschläge zu Konzentrationsübungen/Stärkung des Selbstbewusstseins

Lions Quest: Erwachsen werden. Soziales Lernen in der Sekundarstufe I. Lehrerhandbuch zum Programm von Lions Clubs International., 3. Aufl. Wiesbaden, Anhang E, 7ff. Online bestellbar unter: www.lions-quest.de/home/erwachsenwerden/umsetzung_im_unterricht/materialien_fuer_den_unterricht/lehrerhandbuch.html, 30. 3. 2015

Eigene Literatur oder Notizen

_____

_____

_____

_____

_____

_____

_____

_____

_____

_____

_____

_____

_____

Eigene Literatur oder Notizen

_____

_____

2 Mobiler Dienst und Kooperation der Beteiligten

Der Lehrer der allgemeinen Schule steht bei der Inklusion eines Schülers mit Hörschädigung vor einer herausfordernden Situation und wird daher vom Mobilen Dienst unterstützt. Dieser sendet eine sonderpädagogische Fachkraft der nächstgelegenen Förderschule für Hörgeschädigte und bietet allgemeine und didaktische Informationen und Fortbildungen an. Er kümmert sich zudem um die Organisation des Nachteilsausgleiches, der eine Benachteiligung aufgrund der Behinderung vermeiden soll. Sofern es die Ressourcen zulassen, können zur Entlastung des Lehrers Unterrichtsstunden gemeinsam mit dem Sonderpädagogen abgehalten werden (sogenanntes Teamteaching). Besonders wichtig für eine erfolgreiche Inklusion ist somit die kooperative Zusammenarbeit aller Beteiligten, also z. B. mit dem Mobilen Dienst, den Eltern, der Schulleitung oder den Ärzten.

2.1 Aufgaben des Mobilen Dienstes

Definition

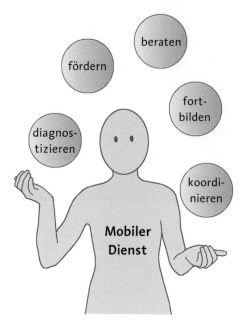

Abb. 13: Aufgaben des Mobilen Dienstes

Die Förderschule für Hörgeschädigte bietet dem Kind und seinem Umfeld ab dem Zeitpunkt der Feststellung seiner Hörschädigung ihre Unterstützung an (Abb. 13). Dies betrifft auch seine Förderung, unabhängig davon, in welcher Schulart diese stattfindet. Bei einer Beschulung an einer allgemeinen Einrichtung ist die Beratung und Vernetzung aller Beteiligten (Schüler, Eltern, Lehrer …) besonders relevant. Diese Betreuung erfolgt durch den Mobilen Dienst; der Umfang wird nach dem individuellen Bedarf und den verfügbaren Ressourcen festgelegt. Kontaktadressen finden sich unter dem Link in den Literaturhinweisen am Ende des 2. Kapitels.

Die grundlegenden Aufgaben des Mobilen Dienstes sind in den Bundesländern unterschiedlich formuliert. Folgende Aufgaben (Abb. 14) können dazu gehören:

Aufgaben

Aufgaben des Mobilen Dienstes für …

… den Schüler mit Hörschädigung:
- regelmäßige Überprüfung des besten Förderorts
- evtl. individuelle Förderung (nur in manchen Bundesländern)
- Schulung zur Verbesserung der Kommunikation (↻*Kompetenztraining*)
- Organisation von Treffen mit anderen Personen mit Hörschädigung
- Begleitung v. a. in kritischen Phasen (Schulwechsel, Pubertät etc.)
- Vertrauensperson und „Fürsprecher" des Schülers

… die Eltern:
- Informationen über Beratungsstellen und Beschulungsmöglichkeiten
- Hinweise zur Unterstützung und emotionalen Stärkung des Kindes (Hilfestellung beim Lernen, Hörhilfennutzung und -pflege, Vermeidung von Leistungsdruck etc.)
- Organisation von Elterngruppen

… die Lehrer:
- Informationen an Klassen- und Fachlehrer
- Fortbildungen über Hörschädigung und geeignete Fördermaßnahmen (Kap. 3)
- ggf. Hospitationen, fallbezogene Beratung, gemeinsame Förderplanung
- evtl. Förderung im ↻*Teamteaching* (nur in manchen Bundesländern)
- Organisation und Erläuterung des ↻*Nachteilsausgleichs*

… die Mitschüler:
- ↻*Sensibilisierung* für Verständnis und Rücksichtnahme
- ggf. Unterrichtseinheit zum Thema Hörschädigung

Abb. 14: Aufgaben des Mobilen Dienstes für die Beteiligten

2.2 Nachteilsausgleich

Ein Schüler soll durch seine Behinderung nicht benachteiligt werden, daher ist gesetzlich festgelegt, dass die ♢*Auswirkungen* einer Behinderung auszugleichen oder gering zu halten sind (GG, Art. 3, Satz 2; SGB IX, Teil 2, §126). Die inhaltlichen Leistungsanforderungen des Unterrichts dürfen aber nicht herabgesetzt werden. Dieser sogenannte Nachteilsausgleich wird auf den Einzelfall abgestimmt und damit entschieden, ob ein entsprechender Vermerk im Zeugnis erscheint. Diese individuelle Anpassung erfolgt je nach Schulart und Region durch die Schule und den Mobilen Dienst oder durch den Ministerialbeauftragten. Der Nachteilsausgleich wird regelmäßig angepasst und ist verbindlich (KMK 2011, 1off.).

Bestandteile des Nachteilsausgleichs (BDH 2005, 7ff.; KMS Bayern 2006, 2ff.):

- schulorganisatorische Maßnahmen (kleine Klassen, Beratung …)
- Unterstützung durch den Mobilen Dienst
- ♢*technische Hilfsmittel*
- ♢*didaktische Maßnahmen*
- Nachteilsausgleich bei Leistungserhebungen (mehr dazu im folgenden Abschnitt)

Bei Schülern mit Hörschädigung kann aufgrund ihres geringeren Sprachumsatzes die Lautsprachentwicklung eingeschränkt sein. Dies hat direkte Auswirkungen auf das Hörverstehen sowie indirekte Auswirkungen auf die Schriftsprachkompetenz und die Konzentrationsleistung. Ein Ausgleich hierfür kann beispielsweise eine Arbeitszeitverlängerung sein.

Mögliche Festlegungen des Nachteilsausgleiches bei Leistungserhebungen (BDH 2005, 7ff.; KMS Bayern 2006, 2ff.):

- schriftliche statt rein mündliche Aufgabenstellung
- schriftliche Darbietung zusätzlicher Erklärungen
- sprachliche Optimierung der Aufgabenstellung (Umformulieren/Kürzen, Kap. 4.1)
- geringere Gewichtung der Aussprache im Fremdsprachunterricht
- Einsatz spezieller Arbeitsmittel, z. B. Bedeutungswörterbuch
- Adaption von Hörverständnisprüfungen, wie „listening comprehension" oder Diktat (ggf. ist ein Einzeldiktat oder eine andere Prüfungsform möglich, keine Bewertung von offensichtlich hörbedingten Fehlern, Schüler erhält trotzdem eine Note in diesem Fach)
- Arbeitszeitverlängerung, um sprachliche Verständnisschwierigkeiten auszugleichen
- zur Vorbereitung von Prüfungen schriftliche Themenbeschreibung und -eingrenzung

Ein Schüler mit Beeinträchtigungen hat zur Chancengleichheit Anspruch auf Nachteilsausgleich. Der Nachteilsausgleich bei Leistungserhebungen betrifft v. a. die Form, den Umfang oder die Zeitdauer der Leistungsfeststellung.
Manche Schüler mit Hörschädigung wünschen den leistungsbezogenen Nachteilsausgleich nicht, um Konflikte mit den Mitschülern zu vermeiden. Gegen den Eindruck von ungerechtfertigten Vorteilen kann eine Erläuterung des Ausgleiches im Klassenverband sinnvoll sein.

2.3 Kooperation und Teamteaching

hohe Anforderungen an den Lehrer

Das gemeinsame Unterrichten von hören-den und hörgeschädigten Schülern stellt hohe Anforderungen an den Lehrer der allgemeinen Schule (Abb. 15). Der Mobile Dienst kann organisatorisch, didaktisch sowie bezüglich der Kommunikation miteinander eine Unterstützung darstel-len.

Kooperation

Nicht nur ein regelmäßiger Austausch un-ter Pädagogen kann die Inklusion unter-stützen, sondern auch der ⌀*interdiszipli-näre* Austausch mit weiteren Personen, die mit dem Schüler in Kontakt stehen – wie Eltern, Ärzten, ⌀*Hörgeräteakustikern,* ggf. Therapeuten, ⌀*Gebärdensprachdol-metschern,* Schulbegleitern etc. So können die bestmöglichen Voraussetzungen für die Förderung geschaffen werden, z.B.

Abb. 15: Schwierigkeiten für Lehrer bei der Inklu-sion von Schülern mit Hörschädigung

durch Rücksprache mit Sonderpädagogen oder den Eltern, korrekt eingestellte ⌀*Hör-hilfen,* ggf. Absprache mit Nachhilfelehrer oder Therapeut. Der Mobile Dienst versucht, alle Beteiligten miteinzubeziehen und somit auch vermittelnd tätig zu sein (Abb. 16). Allerdings ist dies oft durch finanzielle, personelle und zeitliche Engpässe begrenzt.

Teamteaching

Die Zusammenarbeit mit einem Sonderpädagogen des Mobilen Dienstes kann sich in manchen Bundesländern auch auf die Unterrichtsgestaltung beziehen. Beim Team-teaching übernehmen zwei oder mehr Lehrkräfte gemeinsam die Verantwortung für zumindest eine bestimmte Anzahl an Unterrichtsstunden. Idealerweise wird sowohl die Planung als auch die Durchführung des Unterrichts zusammen gestaltet. Team-teaching kann Differenzierung, Schülerbeobachtung, Arbeitsteilung und somit Ent-lastung des Lehrers ermöglichen und durch den Austausch die eigenen didaktischen Kompetenzen erweitern. Dafür müssen vorab die Rollen geklärt und Aufgaben verteilt werden.

Eine fortwährende interdisziplinäre Kooperation aller Beteiligten unterstützt den Erfolg der Inklusionssituation. Das eventuell gemeinsame Unterrichten im Team-teaching wird durch die frühzeitige Klärung der jeweiligen Rolle und klare Vertei-lung der Aufgaben erleichtert.

(HNO-)Ärzte
- regelmäßige Überprüfung von Ohr und Hörstatus
- Information und Beratung (z.B. über ⌕CI)

Hörgeräteakustiker/CI-Zentrum
- bieten Informationen zu ⌕Hörhilfen
- benötigen Hinweise der Beteiligten zur optimalen Anpassung der Hörhilfen

Nachmittagsbetreuung
- Förderung nach Absprache
- Hilfe bei den Hausaufgaben

Mobiler Dienst
- Empfehlung über Schulartwahl
- evtl. Förderung des Schülers
- Beratung aller Beteiligten
- Angebot an Fortbildungen
- Aufbau und Koordination eines Netzwerkes (Nachhilfe, Treffen…)
- Organisation des ⌕Nachteilsausgleichs

Therapeuten
- ggf. Sprachtherapie, Psychotherapie etc.
- Austausch kann Bedürfnisse und Fortschritte aufzeigen

Schulleitung
Ansprechpartner für
- kleine Klassen und ⌕akustische Bedingungen
- möglichst günstigen Stundenplan
- Organisation weiterer Fördermaßnahmen
- Antrag von Budgetstunden beim Ministerium
- Lehrerkonferenzen zum Austausch

Dolmetscher/Schulbegleiter
- Übersetzung der Lehrer- und Mitschüleraussagen, Stimme des Schülers
- Austausch mit Lehrer, Schüler, Eltern etc.
- Vorabinformationen über Unterrichtsverlauf vom Lehrer

Klassen- und Fachlehrer
- Absprache mit Schulleitung
- Fortbildungen des Mobilen Dienstes
- ⌕Nachteilsausgleich im jeweiligen Fach
- kontinuierlicher Austausch mit Beteiligten
- ⌕Teamteaching

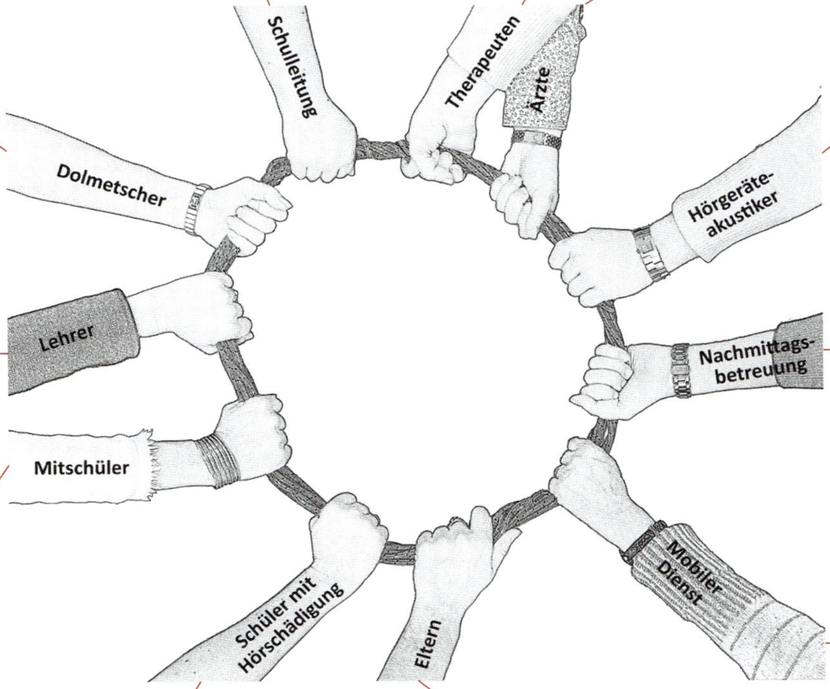

Mitschüler
- Sensibilisierung durch Lehrer/ Mobilen Dienst
- Rücksichtnahme, ggf. sogar Hilfestellung (Banknachbar)
- Einhalten von ⌕Gesprächsdisziplin und Nutzen der ⌕Übertragungsanlage

Schüler mit Hörschädigung
- auf Bedürfnisse und Wünsche hinweisen
- Mitarbeit

Eltern
- jahrelange Erfahrung über Bedürfnisse ihres Kindes
- benötigen schriftliche Hausaufgaben- und Lernangaben
- Nachmittagsbetreuung zur Entlastung

Abb. 16: Kooperation aller Beteiligten

Memo: Mobiler Dienst und Kooperation

Der Mobile Dienst, vertreten durch einen Sonderpädagogen der zuständigen Förder-schule, kann dabei helfen, die besondere Situation des Schülers, aber auch des Lehrers der allgemeinen Schule zu optimieren. Durch die Zusammenarbeit aller Beteiligten sollen Bedürfnisse erkannt, ihnen entsprochen sowie Missverständnisse vermieden werden.

Mobiler Dienst und Kooperation

Memo

Unterstützung und Angebote des Mobilen Dienstes nutzen (Kap. 2.1)

- der Mobile Dienst berät die an der Inklusion beteiligten Personen, gibt Fortbildungen und koordiniert
- angebotene Fortbildungen nutzen und möglichst Kollegium informieren
- die vom Mobilen Dienst hergestellten Kontakte pflegen

Nachteilsausgleich beachten (Kap. 2.2)

- der Nachteilsausgleich versucht, die Einschränkungen des Schülers möglichst auszu-gleichen und wird individuell angepasst
- weist u. a. auf räumliche Gestaltung oder Nutzung der technischen Hilfen hin
- kann Rücksichtnahme bei Leistungserhebungen fordern, z. B. Adaption bei Diktat, schriftliche statt rein mündliche Aufgabenstellung, Arbeitszeitverlängerung etc.
- Mitschüler über Nachteilsausgleich aufklären, um Missverständnisse zu vermeiden

mit den Eltern zusammenarbeiten (Abb. 16)

- Eltern des Schülers können aus eigener Erfahrung informieren
- konstant mit Eltern austauschen
- Hausaufgaben schriftlich anbieten (Ausdruck mitgeben oder Hausaufgabenheft füh-ren lassen und je nach Alter kontrollieren)
- evtl. Hausaufgabenbetreuung einrichten und mit dieser absprechen

Rahmenbedingungen mit Schulleitung besprechen (Abb. 16)

- Wunsch über möglichst kleine 🔍*Klassenstärke* für erleichtertes Lernen äußern
- Klassenzimmer mit guten 🔍*akustischen Bedingungen* ohne Straßenlärm auswählen
- ggf. Förderunterricht, Stundenplan, Möglichkeiten des Teamteachings oder andere Unterstützungen besprechen

Kooperation und ggf. Teamteaching (Kap. 2.3)

- regelmäßige Zusammenarbeit mit allen Beteiligten ist hilfreich (Pädagogen, Eltern, 🔍*Hörgeräteakustiker,* ggf. Therapeut, Nachhilfelehrer etc.)
- Teamteaching: gemeinsames Unterrichten mit einem Kollegen oder dem Mobilen Dienst zur Entlastung ➠ Rollen klären, Aufgaben verteilen, Offenheit zeigen!

Weiterführende Literatur

Adressen der Mobilen Dienste aus den verschiedenen Bundesländern. In: www.best-news.de/?msd_adressen, 30.3.2015

Böttcher, H. (2011): Neue Hörgerätetechnik und Netzwerkbildung. Hörgeschädigtenpädagogik 65 (5), 199–202

Textor, A. (2007): Analyse des Unterrichts mit „schwierigen" Kindern. Hintergründe, Untersuchungsergebnisse, Empfehlungen. Klinkhardt, Bad Heilbrunn

Wessel, J. (2005): Kooperation im gemeinsamen Unterricht. Die Zusammenarbeit von Lehrern in der schulischen Integration hörgeschädigter Kinder und Jugendlicher. Monsenstein und Vannerdat, Münster

Literatur zum Nachteilsausgleich

BDH (Berufsverband Deutscher Hörgeschädigtenpädagogen) (2005): Gemeinsames Lernen und Leben von Kindern und Jugendlichen mit und ohne Hörschädigung. In: www.bdh-rheinlandpfalz.de/arbeitskreise/ak_integration_gemeinsames_lernen_und_leben.pdf, 30.3.2015

Arbeitskreis GU mit Hörgeschädigten in NRW (2008): Handreichungen zum Nachteilsausgleich für hörgeschädigte Schülerinnen und Schüler an allgemeinbildenden Schulen. In: www.gerricus-schule.de/wp-content/uploads/2009/07/Handreichungen-2008-Nachteilsausgleich1.pdf, 30.3.2015

BGG (Bundesgleichstellungsgesetz – Gesetz zur Gleichstellung Behinderter) in der Fassung vom 27. April 2002; zuletzt geändert am 19.12.2007. In: www.gesetze-im-internet.de/bgg/BJNR146800002.html, 30.3.2015

GG (Grundgesetz für die Bundesrepublik Deutschland) vom 23. Mai 1949, zuletzt geändert durch das Gesetz vom 11. Juli 2012. In: www.bundestag.de/bundestag/aufgaben/rechtsgrundlagen/grundgesetz/index.html, 30.3.2015

SGB IX (Sozialgesetzbuch): Rehabilitation und Teilhabe behinderter Menschen der Fassung vom 19. Juni 2001, zuletzt geändert am 12.4.2012. In: www.sozialgesetzbuch-sgb.de/sgbix/1.html, 30.03.2015

KMK (Kultusministerkonferenz) (2011): Inklusive Bildung von Kindern und Jugendlichen mit Behinderungen in Schulen; Beschluss der Kultusministerkonferenz vom 20.10.2011. In: www.kmk.org/fileadmin/veroeffentlichungen_beschluesse/2011/2011_10_20-Inklusive-Bildung.pdf, 30.3.2015

KMS Bayern (Kultusministerielles Schreiben des Bayerischen Staatsministeriums für Unterricht und Kultus) (2006): Nachteilsausgleich für hörgeschädigte, körperbehinderte und sehgeschädigte Schüler. VI.8 – 5 S 5300 – 6.108417 vom 8.12.2006. In: www.schulberatung.bayern.de/imperia/md/content/schulberatung/pdf/nachteilgym.pdf, 30.3.2015

Eigene Literatur oder Notizen

3 Gemeinsamer Unterricht für hörende und hörgeschädigte Schüler

Der Erfolg der Inklusion wird insgesamt als recht positiv beurteilt. Sie gilt als noch Erfolg versprechender, wenn gewisse organisatorische und didaktische Voraussetzungen erfüllt werden. Zu den organisatorischen Anteilen zählen, neben dem bereits beschriebenen Einsatz der Hörtechnik (Kap. 1.2) und dem Nachteilsausgleich (Kap. 2.2), die Rahmenbedingungen, z. B. eine kleine Klassenstärke und günstige optische sowie akustische Bedingungen. Didaktische Maßnahmen wie verstärkte Visualisierung oder häufiger Sozialformwechsel bei einer klaren Lehrersprache haben positiven Einfluss auf das Sprachverstehen des Schülers. Diese sogenannten hörgeschädigtenspezifischen Maßnahmen werden im Folgenden dargestellt.

3.1 Organisatorische Rahmenbedingungen

Schulsystem

Der gemeinsame Unterricht von Schülern mit und ohne Hörschädigung erfordert organisatorische Voraussetzungen. Einerseits betrifft dies das Schulsystem und die Schulleitung, etwa bei Festlegungen bezüglich der maximalen Klassenstärke oder schalldämmenden Maßnahmen. Andererseits kann der Lehrer in seinem Unterricht Einfluss auf

Lehrkräfte

günstige Rahmenbedingungen nehmen wie bei der Wahl der Sitzordnung, möglichst günstigen optischen Bedingungen oder der Regulierung des Lärmpegels. Wichtig ist, die Mitschüler über die Hörschädigung aufzuklären und Rücksichtnahme zu fördern und zu fordern. Werden diese Faktoren im Kollegium regelmäßig besprochen, können auch bei wechselnden Lehrpersonen ähnliche Unterrichtsbedingungen geschaffen werden.

3.1.1 Klassenstärke

Aufgrund der meist großen Klassenstärke an allgemeinen Schulen liegen erschwerte Bedingungen für Schüler mit Hörschädigung vor. Darauf sollte die Schulleitung nach Möglichkeit reagieren, wie in Abb. 17 dargestellt.

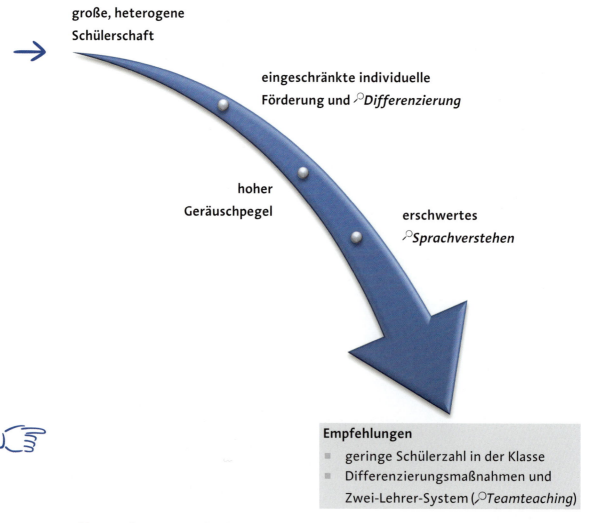

Abb. 17: Folgen einer großen, heterogenen Schülerschaft und mögliche Maßnahmen

3.1.2 Optische Bedingungen und Sitzordnung

Günstige optische Bedingungen erleichtern allen Schülern, aber insbesondere dem Schüler mit Hörschädigung, das Verfolgen des Unterrichtsgeschehens und unterstützen das Verstehen von Sprache.

Empfehlungen zu optischen Bedingungen

günstige Lichtverhältnisse schaffen

- Raum gut und gleichmäßig ausleuchten und Tafellicht einschalten
- nach Verwendung des Overheadprojektors, Beamers oder Fernsehers Licht wieder einschalten
- Schüler mit dem Rücken zur Lichtquelle setzen, damit das Licht nicht blendet

Blickkontakt und Antlitzgerichtetheit (dem Schüler zugewandt sprechen)

- während der Arbeit an der Tafel nicht gleichzeitig schreiben und sprechen ➩ erst sprechen, wenn der Schüler fertig geschrieben hat und aufblickt
- bei Anschauungsobjekten zuerst zeigen, danach sprechen
- Overheadprojektor und Beamer sind geeigneter als die Tafel, da konstante Antlitzgerichtetheit möglich ist
- beim Sprechen möglichst wenig im Raum bewegen (Standort beibehalten)
- auch Mitschüler sollen auf Blickkontakt achten
- ggf. auf aktuellen Sprecher aufmerksam machen (Namen nennen oder deuten)

Absehen ermöglichen

- Absehen: Über die Beobachtung des Gesichts des Sprechers mit seinen Mundbewegungen und seiner Mimik kann der Schüler das Gesagte besser verstehen.
- Neben der Antlitzgerichtetheit ist eine deutliche ⌕*Lehrersprache* wichtig.
- Um den Kontext zu begreifen, ist die Wiederholung von Aussagen durch die Lehrkraft sowie die ⌕*Visualisierung* des Themas bzw. der Unterrichtsinhalte, z.B. durch Mitschreiben von Stichpunkten oder Abbildungen, hilfreich.
- ⌕*Hör- und Absehpausen* unterstützen eine längere ⌕*Aufmerksamkeit* des Schülers mit Hörschädigung und können durch einen ⌕*Sozialformwechsel* erreicht werden, z.B. bei Einzelarbeit.

Sitzordnung

Das auditive und visuelle ⌕*Sprachverstehen* kann durch einen geeigneten Sitzplatz des Schülers unterstützt werden (Abb. 18). Der optimale Sitzplatz entspricht nicht immer dem Wunsch des Schülers oder kann der ⌕*sozialen Integration* in der Klasse entgegenwirken. Der ⌕*Mobile Dienst* kann einbezogen werden, um mit dem Schüler eine Lösung zu finden.

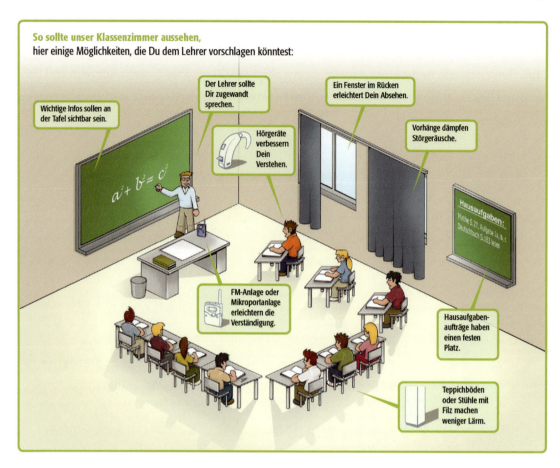

So sollte unser Klassenzimmer aussehen,
hier einige Möglichkeiten, die Du dem Lehrer vorschlagen könntest:

- Wichtige Infos sollen an der Tafel sichtbar sein.
- Der Lehrer sollte Dir zugewandt sprechen.
- Hörgeräte verbessern Dein Verstehen.
- Ein Fenster im Rücken erleichtert Dein Absehen.
- Vorhänge dämpfen Störgeräusche.
- FM-Anlage oder Mikroportanlage erleichtern die Verständigung.
- Hausaufgaben-aufträge haben einen festen Platz.
- Teppichböden oder Stühle mit Filz machen weniger Lärm.

$a^2 + b^2 = c^2$

Abb. 18: Optimiertes Klassenzimmer (Bayerisches Staatsministerium für Unterricht und Kultus 2008)

Empfehlungen zum Sitzplatz des Schülers mit Hörschädigung

halbkreisförmige Sitzordnung

- Sitzordnung im Halbkreis oder wie oben abgebildet für unbeeinträchtigte Sicht auf Tafel/Overheadprojektor, Lehrer und Mitschüler; Gruppentische sind entsprechend ungünstig
- oder: Tischpaare in L-Form nach vorne ausgerichtet (nach Klippert 2008); Zusammenschieben der Tischpaare schafft schnell Gruppenarbeits-plätze

mit dem Rücken zum Fenster sitzend

- um nicht geblendet zu werden, außer das bessere Ohr wäre dann der Klasse abgewandt

möglichst geringe Entfernung des Sitzplatzes zum Lehrerpult

- der ideale Gesprächsabstand zum ⌕Absehen liegt zwischen 0,5 und 3 Meter auf Augenhöhe

Drehstuhl

- für schnelle Zuwendung zum Sprecher

3.1.3 Akustische Bedingungen

Es gibt einige Faktoren in Schulen, die ⌐Störgeräusche verursachen oder verstärken können. So kann eine hohe Schülerzahl in einer Klasse zu einem höheren Lärmpegel führen, der das Verstehen und die ⌐Konzentrationsspanne bei allen Schülern einschränkt. Zudem können ungünstige räumliche Bedingungen vorliegen, besonders bei älteren Schulgebäuden mit starkem Hall oder schlechter Schallisolation zur Straße.

ungünstige
Akustik

Empfehlungen zu akustischen Bedingungen

Schulleitung: niedrige Klassenfrequenz und günstige Akustik erzielen

- zumindest einen Raum der Schule akustisch optimieren für die Klasse mit dem Schüler mit Hörschädigung, z.B. durch Akustikplatten an der Decke
- DIN 18041 legt fest, wie lang die Nachhallzeit in Räumen sein darf; in einem Klassenzimmer mit einer hörgeschädigten Person soll sie ca. 0,45 s nicht überschreiten
- Pinnwände, Teppich, Vorhänge und Filzgleiter unter den Stühlen dämpfen Störlärm.

akustische Bedingungen im Klassenzimmer optimieren

- Geräusch- und Lärmquellen vermeiden: Overheadprojektor oder andere Geräte nach Nutzung ausschalten (lauter Lüfter) und/oder geräuscharme Geräte anschaffen, ggf. Fenster schließen
- Gesprächsdisziplin und Lärmvermeidung bei den Mitschülern fordern und fördern: Nebengespräche, Papierrascheln, Stühle- und Tischerücken etc. vermeiden
- auf ⌐Lehrersprache und -verhalten achten, durch klare ⌐Strukturierung Lärm und Unruhe vermeiden

Mobilen Dienst hinzuziehen

- kann Schulleitung und Lehrkräfte über akustische Möglichkeiten beraten
- Verständnis und Rücksichtnahme bei Mitschülern bzgl. ihres Lärmverhaltens aufbauen (z.B. Einsatz einer Lärmampel als visuelles Signal für zu hohen Lärmpegel)
- ⌐Selbstbewusstsein des Schülers mit ⌐Hörschädigung fördern, um nachzufragen oder auf ⌐Störgeräusche hinzuweisen (⌐Kommunikationstaktik)

Übertragungsanlage nutzen

- die ⌐Übertragungsanlage erleichtert das Verstehen, da die Stimme unter Umgehung der Störgeräusche direkt an die ⌐Hörhilfe gesendet wird
- Weitergabe des Mikrofons reguliert den Lärmpegel und ermöglicht dem Schüler mit Hörschädigung, alle Schülerkommentare zu verstehen

---

Auch einseitig Hörgeschädigte profitieren von diesen Maßnahmen, da sie leiser hören, ihr Richtungshören eingeschränkt ist und sie unter Störgeräuschen schlecht verstehen.

3.1.4 Klassenklima

Mitschüler

In den meisten Fällen akzeptieren die Mitschüler den Schüler mit Hörschädigung. Die konsequent notwendige Rücksichtnahme in der Kommunikation fällt jedoch gerade jungen Schülern schwer. In der Pubertät kann die Hörschädigung die 🔍*soziale Integration* belasten, wenn den Mitschülern Rücksichtnahme zu mühsam wird oder das Nachfragen des Schülers bei Nichtverstehen etwa in der Pause als unangebrachte Neugier gewertet wird.

Probleme im Sprachverstehen

Probleme in der 🔍*Kommunikation* können entstehen, weil der Schüler mit Hörschädigung nicht versteht oder weil die Mitschüler ihn aufgrund seiner Aussprache nicht verstehen. Dadurch kann sich das Verhältnis zu den Mitschülern verschlechtern. Es kommt auch vor, dass der Schüler seine 🔍*Hörhilfen* nicht nutzen möchte, um seine Hörschädigung nicht zu zeigen (besonders in der Pubertät häufiger) und eine 🔍*Stigmatisierung* zu umgehen. Das macht das Verstehen umso schwieriger. Im schlimmsten Fall kann die sprachliche Problematik zum sogenannten Bullying, also Mobbing unter Schülern, führen. Das kann sich – oft für den Lehrer nicht offensichtlich – in verschiedenen Formen äußern: durch verbales Bullying (z. B. Hänseln), körperliches Bullying (z. B. Schubsen) oder indirekt durch den Ausschluss aus der Gruppe im Unterricht oder in der Pause. Folgen können eine schlechte emotionale Befindlichkeit des Schülers sowie schlechte Noten und ein Rückzug aus der Klassengemeinschaft sein.

Sensibilisierung

Die Aufklärung und Sensibilisierung der Mitschüler – aber auch der Lehrkräfte für leichteres Erkennen einer angespannten Atmosphäre unter den Schülern – durch den 🔍*Mobilen Dienst* ist von Bedeutung.

Abb. 19: Gesprächsdisziplin durch „Erzählstein" oder Weitergabe des Mikrofons der Übertragungsanlage

Empfehlungen zum Klassenklima

Mitschüler sensibilisieren

- Situation des Schülers erläutern, um sie den Schülern verständlich zu machen
  - Hörbeispiele zum Hören mit Hörschädigung und Hörhilfe/$\mathcal{P}$*Übertragungs-anlage:*
    - http://facstaff.uww.edu/bradleys/radio/hlsimulation, 30. 3. 2015
    - https://medienportal.siemens-stiftung.org/start.php, 30. 3. 2015 ➡ Medienpaket Hören ➡ Unterrichtseinheit: So höre ich (Anmeldung erforderlich)
    - www.tatort-ohr.de (Neyen 2013), 30.03.2015
  - Unterrichtsmaterial:
    - Ruge, K., Preuss, C. (2003): Soundtrack-Spiel: Geräusche hören – erkennen – imitieren. Verlag an der Ruhr, Mühlheim a. d. Ruhr
- $\mathcal{P}$*Gesprächsdisziplin* einfordern (Blickkontakt, kein gleichzeitiges Sprechen etc.)
  - z.B. Erzählstein verwenden (hierfür eignen sich alle gut greifbaren, nicht zu kleinen Gegenstände) oder
  - $\mathcal{P}$*Übertragungsanlage* an jeweiligen Sprecher reichen (Abb. 19)
- $\mathcal{P}$*Kommunikationstaktik* des Schülers fördern

Missverständnisse im Klassenverband klären

- Probleme konsequent besprechen, v.a. während der Pubertät

Hörschädigung im Unterricht thematisieren

- Unterrichtssequenzen zu den Themen $\mathcal{P}$*Hörschädigung, Auswirkungen, Hörhilfen, Absehen* etc. anbieten, ggf. gemeinsam mit dem $\mathcal{P}$*Mobilen Dienst* gestalten
- besonders in der Grundschule oder zu Schuljahresbeginn geeignet, aber auch parallel z.B. im Sachunterricht möglich
- Schüler mit Hörschädigung nicht in eine $\mathcal{P}$*Sonderrolle* stellen
- keine Thematisierung durchführen, falls Schüler diese nicht wünscht
- Unterrichtssequenzen (beispielhaft aus den bayerischen Lehrplänen entnommen):

Primarstufe:

Verankerung des Themas „Ohr" in Heimat- und Sachkunde beispielhaft aus dem Lehrplan für den Förderschwerpunkt Hören und Kommunikation für die bayerische Grundschulstufe des Förderzentrums für Hörgeschädigte sowie für den gemeinsamen Unterricht in der Grundschule für Bayern (ISB 2001, 338ff.):

„4.2 Ich und meine Erfahrungen
4.2.1 Sinnesleistungen ➡ Bedeutung des Ohrs erfahren:
Hörerlebnisse: Möglichkeiten des Hörsinns spielerisch erkunden, z.B. ‚Hörspaziergang' oder ‚Klangspiele'."

„Hörspaziergang":

- Ziele:
  - Sensibilisierung für das Thema Lärm/Lärmbelastung im eigenen Umfeld
  - bewusste Wahrnehmung der Umgebungsgeräusche und des Alltagslärms
  - Anleitung zu konzentriertem Hören
  - Bedeutung des Sinnesorgans Ohr und guten Hörens kennen
  - Schulung des Hörsinns (Unterscheidung verschiedener Geräusche)
- Kurzbeschreibung:
  - Schülern werden mit verbundenen Augen möglichst viele verschiedene Alltagsgeräusche präsentiert (Varianten: gegenseitiges Führen entlang eines ausgesuchten Weges, z.B. Park, Spielplatz, Straße, mit anschließendem Rollentausch; im Klassenzimmer in bequemer Sitz-/Liegeposition via aufgenommenen Geräuschen; Schüler jeden für sich auf einen „Hörspaziergang" für z.B. 5 Minuten zum Sammeln von Höreindrücken auf den Pausenhof o.Ä. schicken)
  - Schüler notieren ihre Höreindrücke auf einem Plakat mit anschließender Besprechung des Notierten (z.B. was wurde von allen gehört, was nur von einzelnen Schülern wahrgenommen, warum?)

„Klangspiele":

- verschiedene „Klangerzeuger" ausprobieren lassen (z.B. die Tischplatte, Bleistifte, Papier, Dosen bis hin zu Orff-Instrumenten)
- Klänge vergleichen
- verschiedene Gestaltungsmittel (Lautstärke, Tempo, Tondauer, Tonhöhe, Klangfarbe, Klangdichte) und Gestaltungsprinzipien (Kontrast, Wiederholung, Veränderung) austesten
- genaues Zuhören und Hinhören üben
- Assoziieren von Stichwörtern mit Klangerzeugern
- gemeinsam ein Klangspiel entwickeln, z.B. ein Märchen, ein Lied
- s.a. Rhythmisch-musikalische Erziehung (RME) im Lehrplan (OSB 2001, 456ff.)
- Leistung und Aufbau des Ohrs: hohe und tiefe, laute und leise Töne bewusst machen bzw. Teile des Ohrs zum Verständnis des Schallweges benennen: Ohrmuschel, Gehörgang, Trommelfell, Mittelohr und Innenohr (Einzelteile kennen lernen zur Einschätzung des eigenen Hörverlusts)

Sekundarstufe:

Verankerung des Themas „Ohr/Schall" in Physik/Chemie/Biologie des Lehrplans der Mittelschule in Bayern (ISB 2004, 166):

„6.3.3 Schall – Das menschliche Ohr

- Bedeutung des Hörens für den Menschen; Schall als Informationsträger: Signale im Straßenverkehr
- Entstehung von Schall; Schallerzeugung z.B. durch Musikinstrumente
- Bau und Funktion des Ohres; natürlicher und künstlicher Schutz, Gefährdungen durch Lärm – Lärmschutz"

Memo: Organisatorische Rahmenbedingungen

Die Schulleitung kann die akustische Situation durch organisatorische Maßnahmen verbessern. Die Lehrkraft hat darauf durch ihre Gestaltung von Klassenzimmer und Unterricht Einfluss. Auch die Rücksichtnahme durch die Mitschüler und das Verhalten des Schülers mit Hörschädigung selbst spielen eine bedeutsame Rolle für eine angenehme Atmosphäre im Klassenzimmer.

Organisatorische Rahmenbedingungen

Memo

Schulleitung: kleine Klassen und optimierte Raumakustik (Kap. 3.1.1 und Kap. 3.1.3)

- geringe Schülerzahl für reduzierten Lärmpegel und ⌕*Differenzierung* anstreben
- zumindest ein Klassenzimmer mit schalldämmenden Maßnahmen wie Akustikplatten, Schallschutzfenster, geräuscharmen Overheadprojektor/Beamer etc. ausstatten
- ruhig gelegenes Klassenzimmer zuteilen (z. B. weg von der Straße)

geeigneten Sitzplatz für den Schüler wählen (Kap. 3.1.2)

- Sitzordnung: Halbkreis oder L-Form nach Klippert (für ungehindertes ⌕*Absehen*)
- mit Rücken zum Fenster bzw. besseres Ohr zur Klasse
- nah am Lehrerpult
- Drehstuhl für schnelle Zuwendung zum Sprecher

auf Licht und Akustik achten (Kap. 3.1.2 und Kap. 3.1.3)

- gleichmäßige Ausleuchtung des Raumes, Licht nach Nutzung von Fernseher, Overheadprojektor oder Beamer wieder einschalten
- Schalldämmung durch Vorhänge, Filzgleiter unter Stühlen, Bilder an der Wand etc.
- Lärm vermeiden (⌕*Strukturierung*, ⌕*Gesprächsdisziplin*)
- ⌕*Übertragungsanlage* nutzen und Mikrofon an aktuellen Sprecher weitergeben
- ⌕*Kommunikationstaktik* des Schülers stärken (auf Lärm hinweisen)

auf Blickkontakt achten und Absehen ermöglichen (Kap. 3.1.2)

- Antlitzgerichtetheit (dem Schüler zugewandt sprechen) ist für das Absehen wichtig, daher nicht gleichzeitig sprechen und an die Tafel schreiben/etwas zeigen
- Overheadprojektor und Beamer sind für Blickkontakt günstiger als die Tafel
- beim Sprechen möglichst nicht den Standort wechseln
- deutliche, aber nicht überartikulierte Mundbewegungen, Mund nicht verdecken
- nonverbale Kommunikation durch Mimik und Gestik einsetzen

Mitschüler sensibilisieren und Hörschädigung thematisieren (Kap. 3.1.4)

- Situation des hörgeschädigten Mitschülers erläutern
- ggf. Differenzen im Klassenverband klären bzw. vorbeugen
- Hörschädigung thematisieren, ohne den Schüler in eine Sonderrolle zu stellen

3.2 Didaktische Maßnahmen

> Generell ist keine andere Didaktik nötig, um Kinder mit und ohne Höreinschränkung zusammen zu unterrichten, es werden lediglich andere Schwerpunkte gesetzt.

hörgeschädigtenspezifische Maßnahmen

Diese schwerpunktspezifische Didaktik (auch hörgeschädigtenspezifische Maßnahmen) ermöglicht dem Schüler mit Hörschädigung eine effektivere Teilnahme am Unterrichtsgeschehen und ein positives emotionales Befinden. Im Folgenden wird näher auf Unterrichtsgespräche, Lehrersprache, ausgewählte Unterrichtsprinzipien sowie Sozialformen und methodische Grundformen eingegangen.

3.2.1 Unterrichtsgespräche und Lehrersprache

Lehrer als Vorbild und Mittler

In jedem Unterricht spielt die Sprache eine große Rolle – eine herausfordernde und anstrengende Situation für den Schüler mit Hörschädigung. Eine klare Lehrersprache unterstützt zum einen das Verstehen und entlastet die hohe zu erbringende Aufmerksamkeitsleistung, zum anderen dient sie den Mitschülern als sprachliches Vorbild. Außerdem wirkt der Lehrer im Gespräch als Mittler zwischen den Schülern, z.B. durch Wiederholung, wenn ein Mitschüler undeutlich spricht oder schlecht zu sehen ist. Die im Folgenden dargestellten einfachen Hilfen können allen Schülern beim Verstehen nützlich sein.

Empfehlungen: Verständnishilfen im Gespräch

günstige *Hör- und Absehbedingungen* schaffen

Lehrersprache deutlich und leicht verlangsamt

Schüler mit Namen und hinweisender Geste aufrufen

Gesprächsmitschrift am Overheadprojektor (Schlagwörter/Themenwechsel)

kontrollieren, was verstanden wurde

- nicht „Hast du verstanden?", sondern „Was sollst du machen?", „Was hat … gesagt?"

regelmäßige Zusammenfassungen und Wiederholungen

- Lehrerecho oft einsetzen, damit der Schüler alle Aussagen erfassen kann
- „Ich wiederhole nochmal. Peter meinte, …"
- „Es wurden drei Ideen genannt. Wer kann sie nochmal wiederholen?"
- Zusammenfassungen und Wiederholungen in Stichwörtern auch schriftlich anbieten

Sprechpausen einsetzen, Zeit zum Überlegen und Antworten geben

- nicht gleichzeitig sprechen und etwas zeigen oder anschreiben
- nicht sprechen während der Schüler schreibt, z.B. bei Hausaufgabenstellung

Signal bei Nichtverstehen vereinbaren (Winken, *Ritual:* Rote Karte)

Peter, der heute übrigens krank ist und gar nicht in die Schule kommen wird, hat dein Heft. Du wirst deine Unterlagen morgen bekommen.

Klebe das Arbeitsblatt in dein Schulheft und unterstreiche alle Verben grün.

besser

besser

Peter hat dein Heft. Er ist krank und kommt nicht in die Schule. Du bekommst dein Heft morgen.

Nimm dein Schulheft. Klebe das Arbeitsblatt ein. Nimm einen grünen Stift. Unterstreiche alle Verben.

Beispiele zur Lehrersprache

Abb. 20: Beispiele zur Lehrersprache

Empfehlungen zur Lehrersprache

deutliche Aussprache

- deutliches, flüssiges und nicht zu schnelles Sprechen ohne Überartikulation
- Mundbild nicht verdecken (z.B. durch Hand, Halstuch, Bart)

kurze Sätze (Abb. 20)

- kurze, vollständige und eindeutige Sätze mit klarem Satzanfang und -ende
- Konzentration auf das Wesentliche, keine unnötigen Füllwörter („übrigens, gar")

klare Fragen

- eindeutige Fragestellungen, evtl. schriftlich vorbereiten/festhalten, z.B. am Overheadprojektor
- W-Fragen („Was, Warum") sind einfacher wahrnehmbar
- Zeit zum Überlegen lassen

vereinbarte ⌒Rituale

- wiederkehrende Handlungen oder ⌒Symbole unterstützen das Verstehen
- z.B. Symbolkarte mit dem Bild eines Hauses meint das Aufschreiben der Hausaufgabe, begleitet mit dem stets gleichen Satz „Wir schreiben die Hausaufgabe auf."

dem Sprachniveau des Schülers angepasste Lehrersprache

- in der direkten Ansprache des Schülers mit ⌒Hörschädigung leicht über seinem sprachlichen Niveau sprechen; er sollte Bedeutungen der Wörter kennen
- Wortschatz des Lernenden systematisch ausweiten (gezielter Einsatz und Erläuterung von unbekannten Ausdrücken bzw. Fachwörtern)
- korrektives Feedback: Antwort gibt korrekte Wiederholung der fehlerhaften Aussage, z.B. Schüler: „Peter haben mein Heft." ➡ Lehrer: „Stimmt, Peter hat dein Heft."

nonverbale Lehrersprache und Impulse

- nonverbale Lehrersprache (Körpersprache, Mimik etc.) unterstützt das Verstehen
- Impulse sprachlich, mimisch oder mittels Körpersprache einsetzen (z.B. bei unerwartetem Ergebnis überrascht schauen, bei Wichtigem Zeigefinger heben)

3.2.2 Unterrichtsprinzipien

wichtige Prinzipien für Hörgeschädigte

Unterrichtsprinzipien (auch didaktische Prinzipien) sind nicht direkt beobachtbare, handlungsleitende Grundsätze und regulieren die Begegnung von Schüler und Lerninhalt (Köck 2008, 527). Es gibt eine Vielzahl an Prinzipien – für den Unterricht mit dem Schüler mit Hörschädigung sollen besonders die *Visualisierung, *Strukturierung und *Differenzierung Berücksichtigung finden (Abb. 21). Sie erleichtern das Verfolgen des Unterrichtsgeschehens. Andere Prinzipien, wie Schüleraktivierung (auch Selbsttätigkeit) oder Lebensnähe, sind nicht zu vernachlässigen, sollen in diesem Umfang jedoch nicht detaillierter beschrieben werden. Weitere Informationen hierzu kann man vom *Mobilen Dienst erhalten oder in Leonhardt (1996) nachlesen.

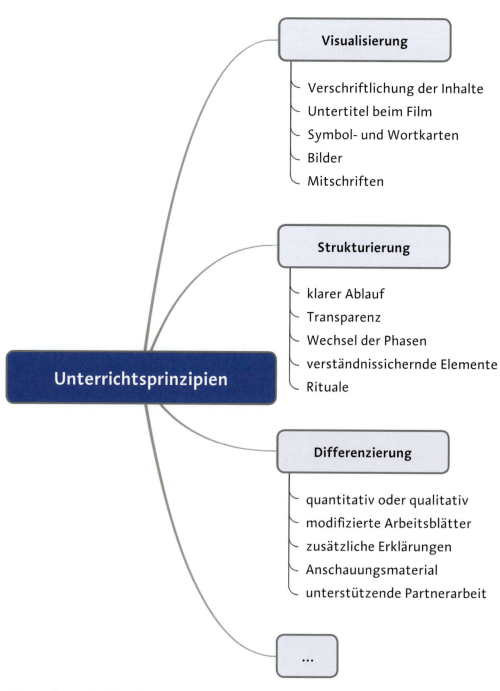

Abb. 21: Übersicht über die vorgestellten Unterrichtsprinzipien

Visualisierung

Wegen seines eingeschränkten Hörens ist der Schüler auf visuelle Unterstützungen angewiesen. Die Visualisierung bestimmter Inhalte dient der Informationsübermittlung und Verständnissicherung einerseits, andererseits unterstützt sie ⌒*Aufmerksamkeit* und Gedächtnisleistung. Eine mittelbar direkte Anschauung, d.h. die Verwendung von visuellen Medien wie Bildern, ⌒*Symbolen* oder schriftlichen Darstellungen, ist hilfreich.

Empfehlungen zur Visualisierung

Verschriftlichung der Inhalte

- Overheadprojektoren sind gut geeignet, da ⌒*Blickkontakt* und ⌒*Absehen* möglich bleibt; ebenfalls gut geeignet ist der Einsatz von Laptop und Beamer, zunehmend in Kombination mit Dokumentenkameras, damit z. B. ein Schülerheft für alle sichtbar wird
- wichtige Informationen schriftlich geben: z. B. Termine, Inhalte von Leistungsüberprüfungen, Hausaufgabenstellung
- Schlüsselbegriffe anschreiben: z. B. neue Begriffe, Fremdwörter, Zwischenüberschriften, Inhalte aus dem Klassengespräch oder der Hausaufgabenbesprechung, Seitenzahl
- Diktieren vermeiden; Kopfrechenaufgaben oder Vokabeltests schriftlich anbieten und abdecken

Untertitel beim Film

- wenn vorhanden, Untertitel einblenden, sonst wichtigste Aspekte vorweg aufschreiben
- gute Sicht bei der Wahl des ⌒*Sitzplatzes* beachten
- Filmdauer wegen sinkender Konzentrationsfähigkeit nicht zu lang wählen

Symbole bzw. Symbol- und Wortkarten

- Visualisierung des nächsten Unterrichtsschrittes o. Ä.
- genaueres dazu unter dem Abschnitt „Ritual"

Bilder

- Unterstützung der Lerninhalte durch visuelle Medien und Impulse (Bilder, Modelle…), z. B. Geschichte mit Bildern visualisieren
- für ein ungehindertes ⌒*Absehen* nicht gleichzeitig zeigen und sprechen

Mitschriften

- Kopien der Overheadfolie mit Schlüsselbegriffen (s. o.) mitgeben oder Tafelbild abfotografieren lassen
- in höheren Klassenstufen anregen, dass sich der Schüler mit Hörschädigung Kopien der Mitschriften von Mitschülern mitgeben lässt (Erziehung zur Selbstständigkeit)

Strukturierung

Struktur hilft allen Schülern

Strukturierung – der rote Faden in einem klar gegliederten Unterrichtsablauf – ist für jeden Schüler hilfreich (Abb. 22). Außerdem zeigt sich: Je strukturierter der Unterricht, desto geringer der Lärmpegel. Je strukturierter und transparenter der Unterricht abläuft, desto einfacher wird es für den Schüler mit Hörschädigung, konzentriert folgen und gezielt nachfragen zu können. Noch leichter fällt dies bei visueller bzw. schriftlicher Unterstützung der Schwerpunkte. Auch wenn Strukturierung weniger Spontaneität für die Lehrkraft bedeutet, profitieren alle Schüler davon.

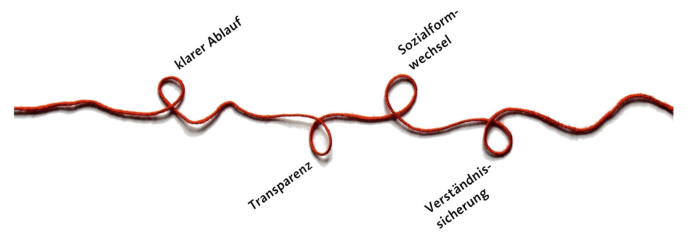

Abb. 22: Empfehlungen zur Strukturierung: der rote Faden

Empfehlungen zur Strukturierung

klarer Ablauf

- Einstieg – Erarbeitung – Sicherung
- mit Informationen zum Stundenverlauf beginnen
- klare *⌕Lehrersprache*
- *⌕Rituale*

Transparenz

- Ziel- und Aufgabenklarheit
- Zwischenüberschriften

⌕*Sozialformwechsel* (Kap. 3.2.3)

- ermöglicht *⌕Hör- und Absehpause* und erhält länger die *⌕Aufmerksamkeit*
- ggf. Themen- und *⌕Sozialformwechsel* schriftlich oder durch *⌕Symbolkarte* anzeigen

verständnissichernde Elemente

- Zusammenfassungen und Wiederholungen (durch Lehrer, aber auch durch Schüler)
- Verschriftlichung bestimmter Inhalte (von Aussagen oder Tonaufnahmen)

Zusatzinfo „Rituale"

Ein Ritual im Unterricht ist eine häufig wiederkehrende Handlung oder ein Symbol. Einmal vereinbart, hat es den Vorteil, dass es unmittelbar (ohne viele Worte) verstanden wird. So ist – nicht nur für den Schüler mit Hörschädigung, sondern für die ganze Klasse – eine sprachlich entlastete, unmissverständliche Angabe des nächsten Schrittes möglich.

Rituale gemeinsam festlegen

Haben Schüler bei der Einführung der Rituale die Möglichkeit mitzubestimmen, werden diese besser angenommen und eingeprägt. Z.B. kann gemeinsam ein Symbol für die Hausaufgaben oder für die Aufforderung „leise" festgelegt werden. Die Symbole sind altersabhängig verschieden (z.B. Handpuppen in der Primarstufe, Wortkarten in der Sekundarstufe). Rituale sollten regelmäßig angewendet werden, um im Gedächtnis zu bleiben. Ein Plakat im Klassenzimmer mit den vier bis sechs festgelegten Ritualen oder Symbolen und deren Bedeutung unterstützt die Erinnerung an diese.

Rituale im Unterricht

Beispiele

Gewohnter Ablauf von Stundenanfang und -ende

- „Guten Morgen" mit Gebärden begleitet (Abb. 23)
- Planung im Morgenkreis: „Was steht heute an?" ($\circlearrowleft$ *visualisieren,* wenn möglich)
- möglichst Reflexion zum Stundenende: „Was haben wir heute gelernt?" (visualisieren) bzw. Verabschiedung als bewusster Schlusspunkt mit winkender Gebärde „Tschüss"

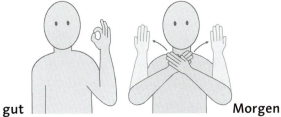

gut   Morgen

Abb. 23: Gebärden für „Guten Morgen"

Wechsel der Unterrichtsphasen

- Symbolkarten für Einzel-, Partner-, Gruppen- und Frontalarbeit
- Zeitangaben machen und anschreiben, (Sand-)Uhr und Klangschale einsetzen

Symbol- und Wortkarten

- Symbolkarten an Tafel anbringen, um nächsten Schritt auch visuell anzukündigen
- evtl. Karten von Schülern, z.B. im Kunstunterricht, selbst gestalten lassen, um größere Akzeptanz zu bewirken
- Beispiele für Symbolkarten:
  - Hefteintrag: Heft
  - Wiederholung: Kreispfeil
  - Fragen: Fragezeichen
  - Sozialformen: Anzahl Personen
  - Hausaufgabe: Haus
  - Pause: Glocke
  - Unterrichtsfach: „Deutsch" etc.
  - …

Andere symbolische Hilfen

Handpuppe oder ein anderer vereinbarter Gegenstand

- für bestimmte Aktionen oder Hinweise
- vor allem in der Grundschule geeignet

Mikrofon

- der ⌕Übertragungsanlage als ⌕Erzählstein
- „Es spricht nur derjenige, der das Mikrofon hat!" (Kap. 1.2)

Rote Karte

- Der Schüler kann diskret zeigen, wenn er etwas nicht verstanden hat, eine ⌕Hör- und Absehpause braucht o.Ä.
- evtl. zudem grüne Karte „bereit für Kontrolle"/„verstanden"

Licht aus- und wieder einschalten

- bei zu hohem Lärmpegel (alternativ: bei ⌕Sozialformwechsel)
- auch Schüler dürfen Schalter betätigen, wenn es ihnen zu laut ist

Handzeichen

- „Mund zu, Ohren spitzen" oder „Give me five" (Abb. 25)
- nonverbales Signal für Ruhe

Abb. 24: Symbolkarten

Erläuterung „Give me five" (Abb. 25)

① Ich richte meine Augen auf die Lehrkraft.
② Ich spitze meine Ohren.
③ Ich mache meinen Nachbarn aufmerksam.
④ Ich schließe meinen Mund.
⑤ Ich sitze aufrecht.

Abb. 25: Give me five

Die Lehrkraft zeigt der Klasse die gestreckte Hand und wartet, bis jeder Schüler dieses Zeichen zurückgibt. Jeder Finger steht für eine der obigen Regeln. Meist entsteht ein kleiner Wettkampf unter den Schülern, wer als Erster das Zeichen zurücksendet. Als nonverbales, visuelles Mittel ist es auch für den inkludierten Schüler gut wahrnehmbar.

Differenzierung

In jeder Schulklasse unterscheiden sich die Lernvoraussetzungen und die Lerngeschwindigkeiten der Schüler. Es ist bekannt, dass die bestmögliche Förderung des Einzelnen durch Differenzierung erreicht werden kann. Für den inklusiven Unterricht ist sie besonders empfehlenswert. Es kann in der Quantität oder Qualität des Lernstoffs differenziert werden:

- **Quantitative Differenzierung (Abb. 26):** Schüler erhalten unterschiedlich viele Aufgaben oder unterschiedlich viel Zeit; das Lernziel ist für alle dasselbe und deckt die Grundlagen eines Themas ab.

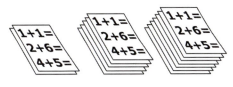

Abb. 26: Quantitative Differenzierung

- **Qualitative Differenzierung (Abb. 27):** Nach dem Erreichen der Grundlagen erhalten die Schüler Aufgaben unterschiedlicher Schwierigkeitsgrade.

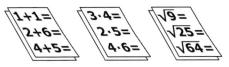

Abb. 27: Qualitative Differenzierung

quantitativ und qualitativ

Differenzierung bietet sich besonders bei Einzelarbeit, Partnerarbeit und in offenen Lernformen wie Freiarbeit oder Wochenplanarbeit an. So hat die Lehrkraft die Möglichkeit, auf Bedürfnisse einzelner Schüler einzugehen.

Sozialformen

Der Vorteil von Differenzierung ist die optimale Förderung aller Schüler ohne Über- oder Unterforderung. Durch Vermeidung von Misserfolg wird das ⌕*Selbstbewusstsein* gestärkt. Allerdings besteht die Gefahr, dass sich der Lernunterschied zwischen den Schülern weiter vergrößert (Schereneffekt). Außerdem sollte der Lehrer die Lernvoraussetzungen der Schüler genau kennen. Die Vorbereitung einer Differenzierung kann viel Zeit kosten. Eine Modifikation der grundsätzlichen Lernziele und -kontrollen ist beim gemeinsamen Unterricht von hörenden und hörgeschädigten Schülern aber i.d.R. nicht vorgesehen.

Vor- und Nachteile

Empfehlungen zur Differenzierung

modifizierte Arbeitsblätter und Aufgabenstellungen
- Unterschiede in der Aufgabenmenge (Quantität)
- Schwierigkeitsgrad oder sprachliche Formulierung (Qualität) (Beispiel in Kap. 4.1)

zusätzliche Erklärungen schriftlich oder Zuwendung während Einzel- bzw. Freiarbeit

unterstützendes Anschauungsmaterial und Lösungsblatt zur visuellen Kontrolle

unterstützende Partnerarbeit
- Helfersystem oder Kontrolle durch Tausch der Unterlagen und gegenseitiges Erläutern

ggf. Förderunterricht in ausgewählten Lernbereichen

3.2.3 Sozialformen und methodische Grundformen

lehrerzentriert

Wie bereits in Kap. 1.3.2 erwähnt, stellt der Unterricht an einer allgemeinen Schule hohe Anforderungen an die Konzentrationsleistung des Schülers mit Hörschädigung. Besonders der lehrerzentrierte und somit sprachlastige Unterricht erfordert viel ⌕*Aufmerksamkeit*. Er sollte daher klar strukturiert und mit schülerzentrierten Phasen abgewechselt werden. Ein Vorteil am lehrerzentrierten Unterricht ist, dass meist klar ist, wer der aktuelle Sprecher ist, und relative Ruhe herrscht.

schülerzentriert

Schülerzentrierte Phasen, wie Einzel- und Gruppenarbeit, sind bei Schülern mit Hörschädigung beliebt, da sie die Aufmerksamkeit weniger stark beanspruchen. Zudem scheint bei Einzelarbeit mehr Hilfesuche durch den Schüler mit Hörschädigung und Hilfeerhalt von der Lehrkraft möglich zu sein als im lehrerzentrierten Unterricht. Wie bereits bei der ⌕*Differenzierung* erwähnt, erlaubt Partnerarbeit die gegenseitige Unterstützung der Schüler bei weniger anstrengender Kommunikation.

Empfehlungen zu Sozialformen

Beobachtung der Aufmerksamkeit des Schülers mit Hörschädigung

Hör- und Absehpausen

- bei merklich sinkender Aufmerksamkeit eine Hör- und Absehpause einsetzen, d.h. eine Unterrichtsphase mit wenig oder keiner lautsprachlichen Kommunikation (z.B. Einzelarbeit)
- pro Unterrichtsstunde ein bis drei kurze Hör- und Absehpausen einplanen

Wechsel der Sozialformen

- häufigen Wechsel von lehrer- und schülerzentrierten Unterrichtsformen einsetzen
- thematischer Bezug zwischen lehrer- und schülerzentrierten Phasen empfehlenswert
- kooperative Arbeitsformen eignen sich gut, bei lehrerzentriertem Unterricht besonders auf ⌕*Strukturierung* achten
- bei sinkender Aufmerksamkeit oder hohem Lärmpegel baldmöglichst die Sozialform wechseln

anspruchsvolle Inhalte möglichst in den ersten Schulstunden eines Tages erarbeiten

Memo: Didaktische Maßnahmen

Generell ist keine andere Didaktik nötig, um Kinder mit und ohne Höreinschränkung zusammen zu unterrichten, es werden lediglich andere Schwerpunkte gesetzt. Neben der Lehrersprache können besonders die Unterrichtsprinzipien wichtig für ein effektiveres und erleichtertes Nachvollziehen des Unterrichtsgeschehens sein. Hör- und Absehpausen und ein häufiger Wechsel der Sozialformen entlasten dabei die hohe Konzentrationsleistung des Schülers mit Hörschädigung.

Didaktische Maßnahmen

Memo

✓ **Verständnishilfen und deutliche Lehrersprache (Kap. 3.2.1)**
- günstige 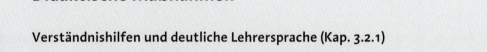 *optische* und *akustische Bedingungen*
- Gesprächsmitschrift am Overheadprojektor oder über Laptop und Beamer
- Wiederholungen und Zusammenfassungen
- Kontrolle, ob und was verstanden wurde
- deutliche Lehrersprache und Impulse

✓ **Visualisierung (Kap. 3.2.2)**
- Inhalte schriftlich anbieten (Overheadprojektor/Beamer für Blickkontakt)
- Symbolkarten und Bilder einsetzen
- Diktieren von Hefteinträgen vermeiden oder nötigenfalls visuell unterstützen
- ➠ Lernen mit allen Sinnen!

✓ **Strukturierung und Einsatz von Ritualen (Kap. 3.2.2)**
- je strukturierter der Unterricht, desto geringer der Lärmpegel und desto konzentrierter die Schüler
- klarer Ablauf, Transparenz, Sozialformwechsel, Verständnissicherung
- Rituale einsetzen
- Symbol- und Wortkarten als Verständnishilfe

✓ **Differenzierung (Kap. 3.2.2)**
- Differenzierung ermöglicht optimale Förderung aller Schüler
- Aufgabenstellung je nach Bedürfnissen unterschiedlich in Quantität (Menge) oder Qualität (Schwierigkeitsgrad)
- unterstützendes Anschauungsmaterial (z. B. Rechenrahmen)
- Lösungsblatt zur Kontrolle

✓ **häufiger Wechsel der Sozialformen (Kap. 3.2.3)**
- Sozialformen beeinflussen 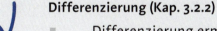 *Aufmerksamkeit* und Lärmpegel, daher:
  - lehrer- und schülerzentrierte Unterrichtsformen abwechseln
  - Hör- und Absehpausen vorsehen
  - Frontalunterricht: gut strukturieren
  - Partnerarbeit: Helfersystem
  - Einzelarbeit: Möglichkeit der individuellen Unterstützung

Weiterführende Literatur

Informationen zur Didaktik bei Schülern mit Hörschädigung

Bayerisches Staatsministerium für Unterricht und Kultus, Lehrstuhl für Gehörlosen- und Schwerhörigenpädagogik der LMU, Leopold-Klinge-Stiftung (Hrsg.) (2008): Ich bin hörgeschädigt, was
kann ich in meiner Klasse tun? In: www.schulberatung.bayern.de/imperia/md/content/schul
beratung/pdfmuc/schulinformation/foes_flyer_hoerschaedigung_kinder_2008.pdf, 30.3.2015

Staatsinstitut für Schulqualität und Bildungsforschung – ISB (Hrsg.) (2010/2012): Förderschwerpunkt Hören – IM FOKUS. Arbeitskreis „Standards im Förderschwerpunkt Hören". Starnsried. In:
www.isb.bayern.de/schulartspezifisches/materialien/foerderschwerpunkt-hoeren-im-fokus/,
30.3.2015

Leonhardt, A. (1996): Didaktik des Unterrichts für Gehörlose und Schwerhörige. Luchterhand, Neu-
wied

Stecher, M. (2011): Guter Unterricht bei Schülern mit einer Hörschädigung. Median-Verlag, Heidel-
berg

Klippert, H. (2008): Besser lernen. Kompetenzvermittlung und Schüleraktivierung im Schulalltag.
Klett Lernen und Wissen, Stuttgart

Köck, P. (2008): Wörterbuch für Erziehung und Unterricht. Das bewährte Fachlexikon für Studium
und Praxis. Brigg Pädagogik, Augsburg

Berg, M. (2011): Kontextoptimierung im Unterricht. Praxisbausteine für die Förderung grammatischer Fähigkeiten. Ernst Reinhardt, München/Basel

Motsch, H.-J. (2010): Kontextoptimierung. Förderung grammatischer Fähigkeiten in Therapie und
Unterricht. Ernst Reinhardt, München/Basel

Empfehlungen für Unterrichtsmaterialien zur Thematisierung der Hörschädigung

Medienportal der Siemens Stiftung. In: medienportal.siemens-stiftung.org/start.php, 30.3.2015 ➟
Medienpaket Hören

Neyen, S. (2013): Tatort Ohr. Eine Reise ins Innere des Ohrs, mit UT für Hörgeschädigte (DVD). Verlag 54, Landau ➟ Film und Unterrichtsmaterialien zum Thema Lärm, Gehörschutz. Bestellbar unter: www.tatort-ohr.de, 30.3.2015

Auswahl von Materialien und Medien für die Förderung von Schülern mit Hörschädigung. In: www.
fachkommission-hg.de/index.php/medienliste.html, 30.3.2015

Bauer, V., Wende, P. (2012): Meine Sinne – Eine Werkstatt. Klasse 1./2. Verlag an der Ruhr, Mühlheim a. d. Ruhr ➟ Primarstufe

Lerch, J., Müller, Y., Sußmann, C., Stadler, S. (2013): Lernwerkstatt Auge, Ohr & Co: Fächerübergrei-
fende Kopiervorlagen für die 3./4. Klasse. Persen Verlag, Hamburg ➟ Primarstufe

Franz, M. (2008): CARE Paket – Die Sinnesorgane und ihre Funktionen. Arbeitsblätter und Unter-
richtsideen. Care-Line, Stamsried ➟ Sekundarstufe

Graf, E. (2013): Sinnesorgan Ohr: Lernen an Stationen im Biologieunterricht (7. bis 10. Klasse). Auer
Verlag, Donauwörth ➟ Sekundarstufe

Ruge, K., Preuss, C. (2003): Soundtrack-Spiel: Geräusche hören – erkennen – imitieren. Verlag an
der Ruhr, Mühlheim a.d. Ruhr

Lehr-/Bildungspläne für Hörgeschädigte als Orientierung für allgemeine Schulen aus unterschiedlichen Bundesländern

Ministerium für Kultus, Jugend und Sport Baden-Württemberg (Hrsg.) (2011): Bildungsplan 2011. Schule für Hörgeschädigte. In: www.bildung-staerkt-menschen.de/service/downloads/Bildungsplaene/SoSch/BP2011_Hoergeschaedigte.pdf, 30.3.2015

Staatsinstitut für Schulqualität und Bildungsforschung – ISB (Hrsg.) (2001): Lehrplan für den Förderschwerpunkt Hören und Kommunikation für die bayerische Grundschulstufe des Förderzentrums für Hörgeschädigte sowie für den gemeinsamen Unterricht in der Grundschule für Bayern. In: www.isb.bayern.de/download/11860/hoeren_gs.pdf, 30.3.2015

Staatsinstitut für Schulqualität und Bildungsforschung – ISB (Hrsg.) (2004): Lehrplan für die bayerische Hauptschule. 6. Jahrgangsstufe Physik/Biologie/Chemie. In: www.isb.bayern.de/download/13395/03lp_pcb_6_r.pdf, 30.3.2015

Bayerisches Staatsministerium für Unterricht und Kultus (Hrsg.) (2007): Adaption des Lehrplans für die bayerische Hauptschule an den Förderschwerpunkt Hören. In: www.isb.bayern.de/download/8514/lp_hauptschule_adaption_hoeren.pdf, 30.3.2015

Ministerium für Bildung Jugend und Sport des Landes Brandenburg, Senatsverwaltung für Bildung, Jugend und Wissenschaft Berlin (Hrsg.) (2012): Rahmenlehrplan für die Grundschule und die Sekundarstufe I. Deutsche Gebärdensprache. In: bildungsserver.berlin-brandenburg.de/rahmenlehrplaene_sonderpaed_.html, 30.3.2015

Der Senator für Bildung und Wissenschaft der Freien Hansestadt Bremen (Hrsg.) (2002): Sonderpädagogische Förderung. Rahmenplan für die Primarstufe, die Sekundarstufe I und II. In: www.lis.bremen.de/sixcms/detail.php?gsid=bremen56.c.15324.de, 30.3.2015

Ministerium für Bildung, Wissenschaft, Forschung und Kultur des Landes Schleswig-Holstein (Hrsg.) (2002): Lehrplan Sonderschulen, Grundschule, weiterführende allgemeinbildende Schulen und berufsbildende Schulen. Sonderpädagogische Förderung. In: lehrplan.lernnetz.de/index.php?-wahl=9, 30.3.2015

Thüringer Ministerium für Bildung, Wissenschaft und Kultur (Hrsg.) (2010): Leitgedanken zu den Thüringer Lehrplänen für die Grundschule und für die Förderschule mit dem Bildungsgang der Grundschule. In: www.schulportal-thueringen.de/web/guest/lehrplaene/grundschule, 30.3.2015

Ständige Konferenz der Kultusminister der Länder in der Bundesrepublik Deutschland (KMK) (Hrsg.) (2013): Bildungspläne/Lehrpläne der Länder im Internet. In: www.kmk.org/dokumentation/lehrplaene/uebersicht-lehrplaene.html, 30.3.2015

Eigene Literatur oder Notizen

_____

_____

_____

_____

_____

_____

_____

_____

_____

_____

_____

_____

_____

_____

Eigene Literatur oder Notizen

_____

4 Praxismaterial

Das folgende Kapitel enthält Beispiele für die beschriebenen Maßnahmen. Zudem werden Praxismaterialien wie das Fingeralphabet oder Merkblätter dargestellt.

4.1 Möglichkeiten zur Vereinfachung von Texten

Durch das unzureichende ⌒*Sprachverstehen* fällt Schülern mit Hörschädigung oft das Verstehen von Texten schwer. Diese Texte können zur ⌒*Differenzierung* modifiziert werden.

Empfehlungen zur Vereinfachung von Texten

- Satzbau vereinfachen oder grammatikalische Strukturen erläutern
- nicht gebräuchliche oder komplexe Wörter/Formulierungen ersetzen oder im Vorfeld klären (durch Gegenstände, Bilder, Sinneseindrücke, Synonyme/Antonyme etc.)
- kontinuierliche Wortschatzerweiterung (Wortfeld und Wortfamilien auf-/ausbauen)
- Textinhalte an der Lebens- und Erfahrungswelt der Schüler ausrichten
- Text mit Bildern veranschaulichen (z.B. Personen, Gegenstände, Skizzen)

Die oben genannten Punkte zur Vereinfachung von Texten gelten fächerunabhängig für jede Art von Textarbeit! D.h. beispielsweise auch in Mathematik oder den Sachfächern.

Die mögliche Vereinfachung und sprachliche Anpassung von Texten wird im Folgenden für Deutsch (Märchen), Mathematik (Sachaufgaben) und Sachfächer aufgezeigt.

4.1.1 Deutsch: Textbeispiel Brüder Grimm

„Die sieben Raben" unbearbeitet

> Wird der Text im Original angeboten, sollten **nicht gebräuchliche Wortbedeutungen geklärt** sein, z.B.
> - Hoffnung zu einem Kinde
> - ward
> - Geschwirr
> - Haupte
> - Krüglein
> - Hinkelbeinchen

Ein Mann hatte sieben Söhne und immer noch kein Töchterchen, so sehr er sich auch eins wünschte; endlich gab ihm seine Frau wieder gute Hoffnung zu einem Kinde, und wie's zur Welt kam, war's ein Mädchen. Ob es gleich schön war, so war's doch auch schmächtig und klein, und sollte wegen seiner Schwachheit die Nottaufe haben. Da schickte der Vater einen der Knaben eilends zur Quelle, Taufwasser zu holen, und die andern sechs liefen mit. Jeder wollte aber der erste beim Schöpfen sein, und darüber fiel ihnen der Krug in den Brunnen. Da standen sie und wussten nicht, was sie tun sollten, und keiner getraute sich heim. Dem Vater ward unter der Weile angst das Mädchen müsste ungetauft verscheiden, und wusste gar nicht, warum die Jungen so lange ausblieben. „Gewiss", sprach er, „haben sie's wieder über ein Spiel vergessen"; und als sie immer nicht kamen, fluchte er im Ärger „ich wollte, dass die Jungen alle zu Raben würden." Kaum war das Wort ausgeredet, so hörte er ein Geschwirr über seinem Haupte in der Luft, blickte auf und sah sieben kohlenschwarze Raben auf und davon fliegen.

Die Eltern konnten die Verwünschung nicht mehr zurücknehmen, und so traurig sie über den Verlust ihrer sieben Söhne waren, trösteten sie sich doch einigermaßen durch ihr liebes Töchterchen, das bald zu Kräften kam und mit jedem Tage schöner ward. Es wusste lange Zeit nicht einmal, dass es Geschwister gehabt hatte, denn die Eltern hüteten sich ihrer zu erwähnen, bis es eines Tages von ungefähr die Leute von sich sprechen hörte, das Mädchen wäre wohl schön, aber doch eigentlich Schuld an dem Unglück seiner sieben Brüder. Da ward es ganz betrübt, ging zu Vater und Mutter und fragte, ob es denn Brüder gehabt hätte, und wo sie hingeraten wären? Nun durften die Eltern das Geheimnis nicht länger verschweigen, sagten jedoch es sei so des Himmels Verhängnis gewesen, und seine Geburt nur der unschuldige Anlass. Allein das Mädchen machte sich täglich ein Gewissen daraus und glaubte, es müsste seine Geschwister wieder erlösen. Es hatte nicht Ruhe und Rast, bis es sich heimlich aufmachte und in die weite Welt ging, seine Brüder irgendwo aufzuspüren und zu befreien, es möchte kosten, was es wollte. Es nahm nichts mit sich als ein Ringlein von seinen Eltern zum Andenken, einen Laib Brot für den Hunger, ein Krüglein Wasser für den Durst und ein Stühlchen für die Müdigkeit.

Nun ging es immer zu, weit weit bis an der Welt Ende. Da kam es zur Sonne, aber die war zu heiß und fürchterlich und fraß die kleinen Kinder. Eilig lief es weg und hin zu dem Mond, aber der war gar zu kalt und auch grausig und bös, und als er das Kind merkte, sprach er „ich rieche Menschenfleisch". Da machte es sich geschwind fort und kam zu den Sternen, die waren ihm freundlich und gut, und jeder saß auf seinem besonderen Stühlchen. Der Morgenstern aber stand auf, gab ihm ein Hinkelbeinchen und sprach „wenn du das Beinchen nicht hast, kannst du den Glasberg nicht aufschließen, und in dem Glasberg da sind deine Brüder".

Das Mädchen nahm das Beinchen, wickelte es wohl in ein Tüchlein und ging wieder fort, so lange, bis es an den Glasberg kam, dessen Thor verschlossen war. Nun wollte es das Beinchen hervor holen, aber wie es das Tüchlein aufmachte, so war es leer, und es hatte das Geschenk der guten Sterne verloren. Was sollte es nun anfangen? Seine Brüder wollte es erretten und hatte keinen Schlüssel zum Glasberg. Das gute Schwesterchen nahm ein Messer, schnitt sich sein kleines Fingerchen ab, steckte es in das Tor und schloss glücklich auf. Als es hinein getreten war, kam ihm ein Zwerglein entgegen, das sprach „Mein Kind, was suchst du?" „Ich suche meine Brüder, die sieben Raben", antwortete es. Der Zwerg sprach „die Herren Raben sind nicht zu Haus, aber willst du hier so lang warten, bis sie kommen, so tritt ein". Darauf brachte das Zwerglein die Speise der Raben getragen auf sieben Tellerchen und in sieben Becherchen, und von jedem Tellerchen aß das Schwesterchen ein Bröckchen, und aus jedem Becherchen trank es ein Schlückchen, in das letzte Becherchen aber ließ es das Ringlein fallen, das es mitgenommen hatte.

Auf einmal hörte es in der Luft ein Geschwirr und ein Geweh', da sprach das Zwerglein „jetzt kommen die Herren Raben heim geflogen". Da kamen sie, wollten essen und trinken, und suchten ihre Tellerchen und Becherchen. Da sprach einer nach dem andern „wer hat von meinem Tellerchen gegessen? wer hat aus meinem Becherchen getrunken? das ist eines Menschen Mund gewesen". Und wie der siebente auf den Grund des Bechers kam, rollte ihm das Ringlein entgegen. Da sah er es an und erkannte, dass es ein Ring von Vater und Mutter war, und sprach „Gott gebe, unser Schwesterlein wäre da, so wären wir erlöst". Wie das Mädchen, das hinter der Türe stand und lauschte, den Wunsch hörte, so trat es hervor, und da bekamen alle die Raben ihre menschliche Gestalt wieder. Und sie herzten und küssten einander und zogen fröhlich heim.

---

grammatikalische Strukturen erläutern:
komplexe Syntax
- Relation von Nomen und Pronomen/Relativpronomen klären z.B. „Tochter – die" oder „Mädchen – es"
- Hypotaxen aus mehreren aufeinanderfolgenden Haupt- und Nebensätzen

Bildung und Einsatz von Diminutiven klären

Grundsätzlich: intensive Arbeit am Inhalt notwendig!
Nicht der synthetische Leseprozess, sondern parallel die Erfassung des Inhalts bereitet oft die größten Probleme.

„Die sieben Raben" vereinfacht

➡Wortinhalte
klären, möglichst
mit Bildern ver-
anschaulichen

Protagonisten
des Märchens mit
Bildern vorstellen

Ein Mann hatte sieben Söhne und immer noch keine Tochter, so sehr er sich auch eine wünschte. Endlich war seine Frau wieder schwanger und als das Kind zur Welt kam, war es ein Mädchen. Es war sehr schön, aber auch dünn und klein. Deshalb sollte es die ➡Nottaufe erhalten. Da schickte der Vater einen seiner Söhne schnell zur ➡Quelle, um ➡Taufwasser zu holen und die andern sechs Söhne liefen mit. Jeder wollte aber der erste beim ➡Schöpfen sein. Und so fiel ihnen der Krug in den ➡Brunnen. Da standen sie und wussten nicht, was sie tun sollten. Keiner traute sich heim. Der Vater bekam inzwischen Angst, dass das Mädchen ohne Taufe stirbt. Und er wusste gar nicht, warum die Jungen so lange fort blieben. „Wahrscheinlich", sprach er, „haben sie alles wieder beim Spielen vergessen." Und als sie immer noch nicht kamen, fluchte er: „Ich möchte, dass die Jungen alle zu Raben werden." Kaum war dieser Satz ausgesprochen, hörte er ein ➡Geschwirr über seinem Kopf in der Luft, blickte auf und sah sieben kohlenschwarze Raben auf und davon fliegen.

grammatikalische
Strukturen
erläutern:
Relation von
Nomen und Pro-
nomen/Relativ-
pronomen klären,
z.B. „**Tochter – die**"
oder „**Mädchen –
es – seiner**"
weitere
Vereinfachung:
„Mädchen" durch
einen Namen er-
setzen

Die Eltern konnten die ➡Verwünschung nicht mehr zurücknehmen. Sie waren traurig über den ➡Verlust ihrer sieben Söhne, aber sie trösteten sich durch ihre liebe **Tochter, die** bald zu Kräften kam und mit jedem Tage schöner wurde. Sie wusste lange Zeit nicht einmal, dass sie Geschwister hatte. Die Eltern wollten ihr nichts davon erzählen. Eines Tages hörte das **Mädchen** die Leute reden: „Das **Mädchen** ist schön, aber **es** ist schuld an dem Unglück **seiner** sieben Brüder." Da wurde **es** ganz traurig. **Es** ging zu Vater und Mutter und fragte: „Habe ich Brüder? Wo sind sie?" Nun konnten die Eltern das Geheimnis nicht länger verschweigen. Sie sagten: „Das war ein großes Unglück, aber du bist nicht schuld." Aber das **Mädchen** hatte ein schlechtes Gewissen. **Es** glaubte: „Ich muss meine Geschwister wieder ➡erlösen." Unruhig machte **es** sich heimlich auf den Weg, um **seine** Brüder irgendwo zu finden und zu befreien. Das **Mädchen** nahm nur einen Ring von den Eltern zum Andenken, einen ➡Laib Brot für den Hunger, einen Krug Wasser für den Durst und einen Hocker für die Müdigkeit mit.

einfacher, leicht
verständlicher
Satzbau

Nun ging **es** weit bis ans Ende der Welt. Da kam **es** zur Sonne, aber die war zu heiß. Eilig lief **es** weg zum Mond, aber der war zu kalt. Da rannte das **Mädchen** schnell weiter. **Es** kam zu den Sternen, die waren freundlich und gut. Jeder saß auf seinem Stuhl. Der Morgenstern aber stand auf, gab **ihm** ein ➡Hinkelbein und sprach: „Wenn du das Beinchen nicht hast, kannst du den ➡Glasberg nicht aufschließen. In dem Glasberg da wohnen deine Brüder."

Das **Mädchen** nahm das Beinchen, wickelte **es** in ein Tuch und ging wieder fort. So lange, bis **es** an den Glasberg kam. Das Tor war verschlossen. Nun wollte das **Mädchen** das Beinchen hervor holen, aber als **es** das Tuch aufmachte, war es leer. **Es** hatte das Geschenk der guten Sterne verloren. Was sollte **es** nur machen? Das **Mädchen** wollte ihre Brüder retten und hatte keinen Schlüssel zum Glasberg. Da nahm **es** ein Messer, schnitt sich **seinen** kleinen Finger ab, steckte ihn in das Tor und konnte es aufsperren. Als **es** hinein getreten war, kam ihm ein Zwerg entgegen. Der sprach: „**Mädchen**, was suchst du?" „Ich suche meine Brüder, die sieben Raben", antwortete **es**. Der Zwerg sprach: „Die Herren Raben sind nicht zu Hause. Aber willst du hier so lange warten, bis sie kommen?" Danach brachte der Zwerg die Speisen der Raben auf sieben Tellern und in sieben Bechern. Das **Mädchen** aß von jedem Teller ein Stück und trank aus jedem Becher einen Schluck. In den letzten Becher ließ **es** den Ring fallen, den **es** mitgenommen hatte.

Auf einmal hörte das **Mädchen** in der Luft ein ➥Geschwirr, da sprach der Zwerg: „Jetzt kommen die Herren Raben heim geflogen." Da kamen sie, wollten essen und trinken. Sie suchten ihre Teller und Becher. Da sprach einer nach dem andern: „Wer hat von meinem Teller gegessen? Wer hat aus meinem Becher getrunken? Das ist ein Mensch gewesen!" Und als der siebte Rabe seinen Becher austrank, fand er den Ring. Da sah er ihn an und erkannte, dass es ein Ring von Vater und Mutter war. Er sprach: „Gott gebe, dass unsere Schwester hier wäre, dann wären wir erlöst." Die **Schwester** stand hinter der Türe und ➥lauschte. **Sie** hörte den Wunsch und kam hinter der Tür hervor. Und plötzlich bekamen alle sieben Raben ihre menschliche Gestalt wieder! Sie umarmten und küssten sich und machten sich fröhlich auf den Heimweg.

Weiterführende Literatur befindet sich am Ende des 1. und 3. Kapitels.

Intensive inhaltliche Erarbeitung!
Hier besonders: Fluch des Vaters – Verwandlung der Raben – Erlösung durch die Schwester

Grundsätzlich: intensive Arbeit am Inhalt notwendig!
Nicht der synthetische Leseprozess, sondern parallel die Erfassung des Inhalts bereitet oft die größten Probleme.

Empfehlungen zur Erarbeitung des Textinhalts

- Fragen zum Text
- Rollenspiele
- Nacherzählen anhand von Bildern zum Text (Protagonisten; bedeutsame, für den Fortgang der Geschichte wichtige Inhalte)
- Textabschnitte oder Sätze inhaltlich ordnen, Überschriften geben
- gegenseitiges mündliches oder schriftliches Nacherzählen der Inhalte in Partnerarbeit oder Kleingruppen
- zeichnerische Darstellung des Inhalts: Erstellen von Bildern zu einzelnen Abschnitten und Zusammenfügen zu einer Bildergeschichte (altersabhängig)

4.1.2 Mathematik: Praxisbeispiele Sachaufgaben

Die Zielsetzung wird in folgendem Zitat aus dem Lehrplan für den Förderschwerpunkt Hören und Kommunikation für die bayerische Grundschulstufe des Förderzentrums für Hörgeschädigte sowie für den gemeinsamen Unterricht in der Grundschule in Bayern im Fachprofil Mathematik deutlich:

„Sie [die Schüler] entwickeln eigenständige Lösungswege, stellen sie handelnd, zeichnerisch, verbal und schriftlich dar und setzen sie rechnerisch um" (ISB 2001, 89, vollst. Literaturangabe s. Literatur in Kap. 3).

Beispiele:

> 1) In der Klasse 4a haben 5 Kinder eine Katze und 8 Kinder einen Hund. Davon haben 2 Kinder eine Katze und einen Hund. 14 Kinder haben weder einen Hund noch eine Katze. Wie viele Kinder sind in der Klasse?

Textaufgaben sprachlich anpassen

- Verwendung von kurzen, einfachen Sätzen (Textvereinfachung wie in Deutsch nötig)
- Inhalte *⌕visualisieren* und den Vorgaben aus dem Sachtext zuordnen, z.B. *⌕Symbole*/Bilder für Kinder, Hunde, Katzen
- Markieren der wichtigsten Inhalte

> 2) Eine 80 m lange Telegrafenleitung wird verlegt. Alle zehn Meter steht ein Mast. Wie viele Masten werden benötigt?

Aufgrund eines möglicherweise eingeschränkten Sprach-/Textverständnisses neigen Schüler mit Hörschädigung dazu, Texte oberflächlich zu lesen und demzufolge falsche Aufgaben abzuleiten (hier: 80 m : 10 m = 8 Masten). Um die Aufgabe inhaltlich zu erfassen, bietet es sich an, Skizzen zum dargestellten Sachverhalt anfertigen zu lassen (Abb. 28).

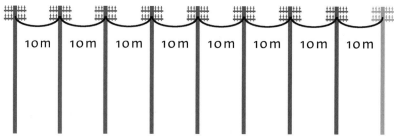

Abb. 28: Skizze Telegrafenleitung

mit Skizzen visualisieren

Durch die zeichnerische Darstellung der Aufgabe wird schnell klar, dass die Aufgabe nicht rechnerisch zu lösen ist, sondern rein durch die logische Erfassung des Inhalts (9 Masten werden benötigt, da das Ende der Leitung nicht in der Luft hängen kann).

> Viele Schulbücher sind inzwischen mit hilfreichen Abbildungen zu den Rechenaufgaben ausgestattet, die gut zur *⌕Visualisierung* genutzt werden können.

> **3)** Wenn ich die Hälfte einer Zahl durch 12 teile und zu diesem Ergebnis 510 dazuzähle, dann erhalte ich 1000. Wie heißt die Zahl?

- Für diese Aufgabe sollte die Satzkonstruktion von Wenn-dann-Sätzen erarbeitet worden sein.
- auch hier ⌕*visualisierend* arbeiten, z.B. Skizze mit Platzhaltern
- Variation: Schülern können verschiedene Skizzen vorgelegt werden, aus denen die zur Aufgabe passende ausgesucht werden soll.

Zudem gilt:

„Bei der Formulierung von Sachaufgaben müssen die Inhalte und Strukturen besonders beachtet werden. Diese orientieren sich an den im Unterrichtsfach Deutsch erarbeiteten Satzstrukturen. Die sprachliche Gestaltung von Leistungserhebungen richtet sich ebenfalls nach verfügbaren Satzstrukturen" (ISB 2001, 90, vollst. Literaturangabe s. Literatur in Kap. 3).

Im Mathematikunterricht ist besonders auf die Erarbeitung wichtiger rechnerischer Begrifflichkeiten hinzuweisen. So gibt es beispielsweise für die Begriffe Addieren und Subtrahieren viele Ausdrücke: plus, dazu zählen, zusammen zählen, vermehren um; minus, abziehen, wegnehmen, vermindern um (ISB 2001, 333, vollst. Literaturangabe s. Literatur in Kap. 3).

> Vorweg sollte daher eine Wortinhaltsklärung zur sprachlichen Absicherung stattfinden, denn ohne gesichertes Sprachverständnis gelingt kein mathematisches Verstehen!

4.1.3 Sachfächer

Auch für die Sachfächer wird im Lehrplan für den Förderschwerpunkt Hören und Kommunikation für die bayerische Grundschulstufe des Förderzentrums für Hörgeschädigte sowie für den gemeinsamen Unterricht in der Grundschule in Bayern nochmals explizit auf die Bedeutung einer Verknüpfung von Deutschunterricht und Inhalten der Sachfächer hingewiesen:

„Zur sprachlichen Sicherung heimat- und sachunterrichtlicher Inhalte werden erlernte Sprachformen und -inhalte aus dem Deutschunterricht bewusst verwendet. Zugleich bilden Themen aus diesem Bereich Sprachanlässe für die Erarbeitung und Übung von Sprachformen und -inhalten. Die Absicherung neuer fachspezifischer Begriffe hinsichtlich Artikulation, Hörerziehung und Absehen wird überwiegend im Deutschunterricht geleistet" (ISB 2001, 96, vollst. Literaturangabe s. Literatur in Kap. 3).

Also:

> In jedem Unterricht steckt Sprachunterricht, aber nicht ausschließlich!

4.2 Fingeralphabet

Mit dem deutschen Fingeralphabet (Abb. 29) können Worte mit einer Hand buchstabiert werden.

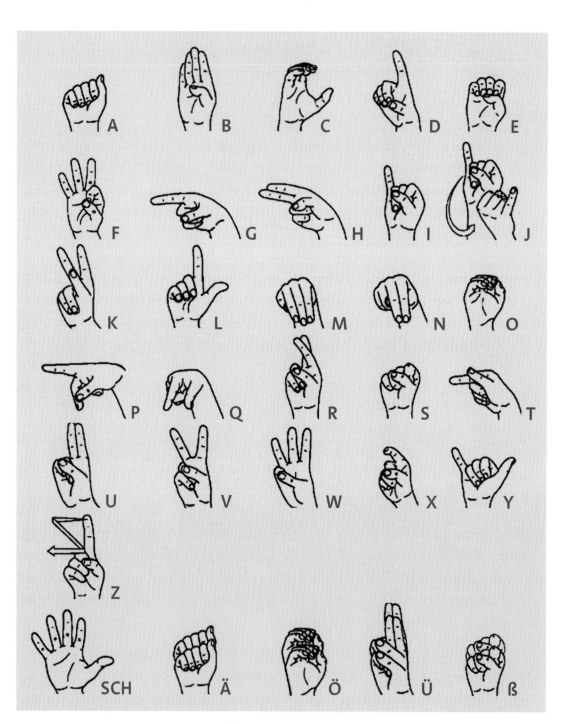

Abb. 29: Fingeralphabet

4.3 Arbeitsblatt für Mitschüler

Gesprächsdisziplin und Rücksichtnahme

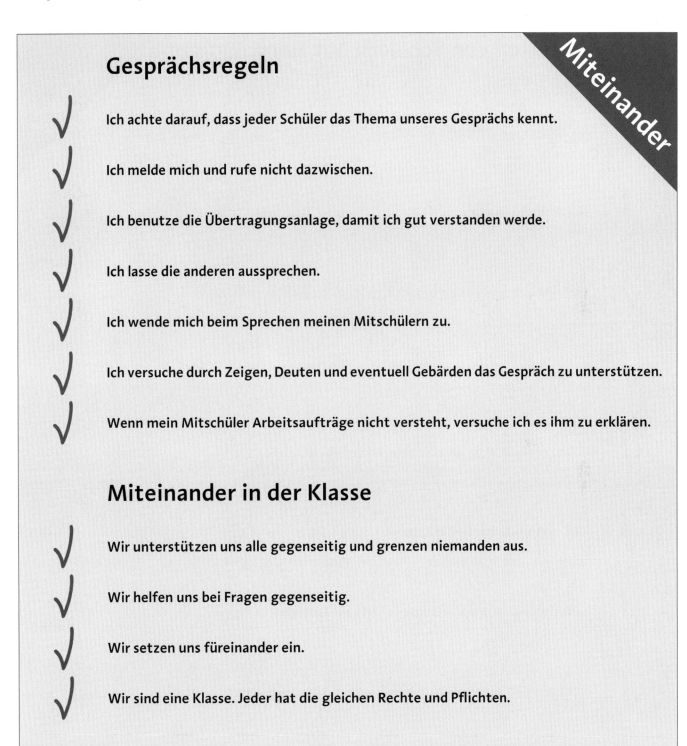

Gesprächsregeln

Miteinander

✓ Ich achte darauf, dass jeder Schüler das Thema unseres Gesprächs kennt.

✓ Ich melde mich und rufe nicht dazwischen.

✓ Ich benutze die Übertragungsanlage, damit ich gut verstanden werde.

✓ Ich lasse die anderen aussprechen.

✓ Ich wende mich beim Sprechen meinen Mitschülern zu.

✓ Ich versuche durch Zeigen, Deuten und eventuell Gebärden das Gespräch zu unterstützen.

✓ Wenn mein Mitschüler Arbeitsaufträge nicht versteht, versuche ich es ihm zu erklären.

Miteinander in der Klasse

✓ Wir unterstützen uns alle gegenseitig und grenzen niemanden aus.

✓ Wir helfen uns bei Fragen gegenseitig.

✓ Wir setzen uns füreinander ein.

✓ Wir sind eine Klasse. Jeder hat die gleichen Rechte und Pflichten.

Ich denke daran, dass jeder Stärken und Schwächen hat!

4.4 Zehn wichtige Grundlagen für die Inklusion von Schülern mit Hörschädigung

Inklusion von Schülern mit Hörschädigung

Top 10

✓ Visualisierung verstärkt einsetzen

✓ Hörtechnik nutzen

✓ Klassenraumgestaltung beachten (Sitzplatz, Licht und Akustik)

✓ Sprachverstehen sicherstellen (Lärmpegel, Blickkontakt)

✓ klare Lehrersprache und Lehrerecho verwenden

✓ Konzentrationspausen einplanen

✓ Strukturierung und symbolische Hilfen einsetzen

✓ mit allen Beteiligten kooperieren (auch mit dem Schüler)

✓ Nachteilsausgleich beachten

✓ Mitschüler sensibilisieren

Glossar

Kursiv geschriebene Worte sind im Glossar aufgelistet, kurz definiert und mit Seitenverweisen zum Text versehen. **Fett** gedruckte Seitenangaben führen zur ausführlichen Erläuterung des Begriffs.

A

Absehen: *s.a. optische Bedingungen*, S. 25f., **41**, 51
Beobachten der Mundbewegungen und der Mimik des Sprechers, um das Gesagte besser zu verstehen.

Absehpause: *s. Hör- und Absehpause*, S. 23, 27, 41, 52, 54, **56**f.

Akustik: *s. akustische Bedingungen*, S. 13, 19, 24, 26, **43**, 47

akustische Bedingungen: S. 13, 19, 23, 25, 36, **43**, 47, 57
Wichtig für den Schüler mit Hörschädigung ist die Vermeidung von *Störgeräuschen*: durch günstige Akustik im Schulgebäude, durch Gesprächsdisziplin der Mitschüler und konsequente Nutzung der *Hörhilfen/Übertragungsanlage*.

an Taubheit grenzende Hörschädigung: *s. Grad des Hörverlustes*, S. **10**f., 14

Antlitzgerichtetheit: S. 13, 25, **41**, 47
Dem Schüler zugewandt sprechen, damit dieser *absehen* kann.

Arbeitszeitverlängerung: S. **33**, 36
Mit einem *Nachteilsausgleich* ist bei einer Leistungserhebung eine Verlängerung der Bearbeitungszeit möglich.

Arten von Hörschädigungen: S. **8**f., 28
Je nach Ort der Störung gibt es verschiedene Formen von Hörschädigungen: *Periphere (Schallleitungs-, Schallempfindungs-, kombinierte Schwerhörigkeit)* und *zentrale Hörschädigungen* (z. B. *Auditive Verarbeitungs- und Wahrnehmungsstörung*).

Audioeingang: S. **15**ff.
Zugang an der *Hörhilfe*, der eine direkte Übertragung von *Übertragungsanlagen* oder Audiogeräten (TV, PC usw.) ermöglicht und für einen verbesserten Höreindruck ohne Störgeräusche sorgt. Dazu wird auf den Audioeingang ein Adapter *(Audioschuh)* gesteckt, der per Funk oder über ein Kabel mit den Geräten verbunden werden kann.

Audiogramm: S. **10**ff., 28
Abbildung, die das subjektive Hören einer Person darstellt. Horizontal sind die Frequenzen in Hertz (Hz), also die Tonhöhen, vertikal die Lautstärken in Dezibel (dB) angegeben.

Audiometer: S. **10**
Gerät zur Messung der individuellen Hörfähigkeit

Audioschuh: S. **15**
Adapter, der auf den *Audioeingang* einer *Hörhilfe* gesteckt wird. Über Funk oder Kabel ermöglicht er die direkte Übertragung zwischen Hörhilfe und Audiogeräten oder *Übertragungsanlagen*.

Auditive Verarbeitungs- und Wahrnehmungsstörung: S. 8f., **12**f., 14, 17, 29
auch AVWS; AVWS liegt vor, wenn bei einem normalen Hörvermögen zentrale Prozesse des Hörens gestört sind (d. h. fehlerhafte Verarbeitung des Gehörten im Gehirn). Schüler mit AVWS benötigen ähnliche Förderung wie Schüler mit *peripherer Hörschädigung*.

Aufblähkurve: S. **10**f.
Hörhilfen heben die *Hörschwelle* um einige Dezibel an. Die dadurch neu entstandene Hörschwelle wird als Aufblähkurve bezeichnet.

Aufmerksamkeit: S. 17f., 20, **23**ff., 27f., 41, 48, 51f., 56
Schüler mit Hörschädigung können sprachliche Informationen weniger beiläufig erfassen wie ihre hörenden Mitschüler, was ihnen eine höhere Konzentration abverlangt und die Aufmerksamkeit rascher schwinden lässt. *Hör- und Absehpausen* sowie *Rituale* ermöglichen eine Erholungsphase.

Auswirkungen einer Hörschädigung: S. **20**ff., 45
Die Hörschädigung eines Schülers kann Folgen auf sein *Sprachverstehen*, seine *Aufmerksamkeit* und Unterrichtsmitarbeit sowie seine *soziale Integration* haben und somit negativen Einfluss auf den Unterricht mit sich bringen.

AVWS: *s. Auditive Verarbeitungs- und Wahrnehmungsstörung*, S. 8f., **12**f., 14, 17

B

BAHA (bone-anchored hearing aid): *s. Knochenleitungshörgerät*, S. 14, **15**

beidseitige Hörschädigung: S. **15**
auch bilaterale Hörschädigung; beide Ohren sind in ihrer Funktion gestört *(s.a. einseitige Hörschädigung)*

Bezugsgruppenkonflikt: S. **24**
Identifizierungsschwierigkeit zwischen hörender oder hörgeschädigter Peergroup.

BiCROS: *s. CROS*, S. **14**

Blickkontakt: *s. Antlitzgerichtetheit*, S. 13, 25, **41**, 47

bone-anchored hearing aid (BAHA): *s. Knochenleitungshörgerät*, S. 14, **15**

Bullying: S. 18, **22**, 24, **44**
verbales, körperliches oder indirektes Mobbing unter Schülern

C

CI: *s. Cochlea Implantat*, S. 9, 14f., **16f.**, 35

CI-Zentrum: S. 15f., 35
Einrichtung, in der das *Cochlea Implantat* überprüft und angepasst sowie pädagogische und therapeutische Unterstützung angeboten wird. Für *Hörgeräte* ist hingegen der *Hörgeräteakustiker* zuständig.

Cochlea Implantat: S. 9, 14f., **16f.**, 35
auch CI; individuelle, operativ eingesetzte *Hörhilfe* bei geschädigter Hörschnecke (Cochlea)

CROS/BiCROS: S. **14**
Contra-/**b**ilateral **R**outing **O**f **S**ignals; *Hörhilfe* bei einseitiger Schwerhörigkeit (CROS) oder großem Unterschied des Hörvermögens zwischen den Ohren (BiCROS), die den Schall von der schlechteren Seite i.d.R. drahtlos an das bessere Ohr überträgt.

D

Deutsche Gebärdensprache: *s. auch gebärdensprachlich kommunizierende Schüler*, S. **11**, 53, 68
auch DGS; eigenständige, visuell wahrnehmbare Sprache, die sich aus Handbewegungen (Gebärden), Mimik und Mundbewegungen zusammensetzt (im Gegensatz zur Schrift- oder *Lautsprache*). Bei Lautsprachbegleitenden Gebärden (LBG) werden begleitend zur Lautsprache unterstützende Gebärden eingesetzt.

DGS: *s. Deutsche Gebärdensprache*, S. **11**, 53, 68

didaktische Maßnahmen: S. 13, 18f., 21ff., 32ff., **48**ff., 57f.
Generell sind für den Unterricht von Schülern mit Hörschädigung keine „neuen" didaktisch-methodischen Maßnahmen nötig, es werden lediglich andere Schwerpunktsetzungen vorgenommen. Diese werden auch als hörgeschädigtenspezifische Maßnahmen bezeichnet. Das betrifft beispielsweise die verstärkte Anwendung bestimmter Unterrichtsprinzipien *(Visualisierung, Strukturierung)*, den *Wechsel der Sozialformen* oder eine bewusste *Lehrersprache*.

didaktische Prinzipien: *s. Unterrichtsprinzipien*, S. **50**ff.

Differenzierung: S. 34, 40, 50, **55**, 57, **62**ff.
Unterrichtsprinzip, das dazu dient, unterschiedlichen Lernvoraussetzungen und Lerngeschwindigkeiten der Schüler einer Klasse zu entsprechen. Dabei wird der Lernstoff den individuellen Bedürfnisse angepasst. Dies erfolgt quantitativ (Menge der Aufgaben) oder qualitativ (Schwierigkeitsgrad der Aufgaben).

DIN 18041: S. 43
Norm, die festlegt, wie lang die Nachhallzeit in Räumen sein darf; in einem Klassenzimmer mit einem hörgeschädigten Schüler max. 0,45 s.

Dolmetscher: *s. Gebärdensprachdolmetscher*, S. **11**, 34f.

drahtlose Übertragungsanlage: *s. Übertragungsanlage*, S. 9, 14f., **17**ff., 27, 35, **43**ff., 54, 69

E

einseitige Hörschädigung: S. **11**, 14f., 21, 28f., **43**
auch unilateral; lediglich ein Ohr ist in seiner Funktion gestört. Da hierbei das räumliche Hören beeinträchtigt ist, ist Rücksichtnahme im Unterricht wichtig *(s. auch beidseitige Hörschädigung)*.

emotionale Integration: S. **24**, 28, 44, 48
eigenes (Wohl-)Befinden des Schülers in der Schulklasse

Ertaubung: *s. a. Spätertaubung*, S. 9
Verlust der Hörfähigkeit postlingual (nach dem Spracherwerb); *Hörhilfe* aufgrund gemachter Hörerfahrung oft effektiv

Erzählstein: S. 19, **44**f., 54
Mikrofon der *Übertragungsanlage* oder anderer Gegenstand, der an Sprecher weitergereicht wird, um zu verdeutlichen, wer spricht, und um Zwischenrufe zu vermeiden.

F

Fingeralphabet: S. **11**, 26, 29, **68**
Handzeichensystem, durch das jeder Buchstabe des Alphabets mit einer bestimmten Handstellung dargestellt werden kann (sogenanntes Graphembestimmtes Manualsystem, kurz GMS).

FM-Anlage: *s. Übertragungsanlage*, S. 9, 14f., **17**ff., 27, 35, **43**ff., 54, 69

Frustrationstoleranz: S. **27**ff.
Kompetenz einer Person, mit einer Enttäuschung oder ungünstigen Situation umzugehen und ein gesetztes Ziel trotzdem nicht aufzugeben.

G

Gebärdensprachdolmetscher: S. **11**, 34f.
Person, die zwischen *Lautsprache* und *Gebärdensprache* übersetzt, z. B. zur Unterstützung von *gebärdensprachlich kommunizierenden Schülern* in der Inklusion.

Gebärdensprache: *s. Deutsche Gebärdensprache*, S. **11**, 53, 68

gebärdensprachlich kommunizierende Schüler: S. 11
Kinder und Jugendliche mit Hörschädigung, die mittels *Gebärdensprache* kommunizieren. Sie benötigen beim Besuch der allgemeinen Schule evtl. einen *Gebärdensprachdolmetscher*.

Gehörlosigkeit: S. 8ff.
Gehörlosigkeit ist eine *hochgradige Hörschädigung* im Bereich des Innenohrs oder der Hörbahn. Lautsprache ist damit nicht auf auditivem Weg erlernbar, bei Versorgung mit *Hörhilfen* wie dem *CI* jedoch möglich.

Gesprächsdisziplin: S. 18, 22, 35, **43ff.**, **69**
Gesprächsdisziplin im Unterricht umfasst mehrere Elemente für einen störungsfreien Gesprächsverlauf, z.B. kein gleichzeitiges Sprechen, Anzeigen des Sprechers, Blickkontakt beim Sprechen, Weitergabe des Mikrofons der *Übertragungsanlage*, Vermeidung von *Störgeräuschen* wie Papierraschlen oder Stühle- und Tischerücken.

Grad des Hörverlustes: S. 10
Je nach Dezibelabweichung der eigenen *Hörschwelle* von der Norm wird von einer leicht- (ca. 20–40 dB), mittel- (40–70 dB), hochgradigen (70–90 dB) oder an Taubheit grenzenden (> 90 dB) Hörschädigung gesprochen.

H

HdO-Gerät: *s. Hinter-dem-Ohr-Gerät*, S. 14ff.

Helfersystem: S. 55, 57
Die Schüler helfen sich gegenseitig bei der Bewältigung ihrer Aufgabe.

Hinter-dem-Ohr-Gerät: S. 14ff.
auch HdO-Gerät; *individuelle Hörhilfe* für *mittel- bis hochgradige Hörschädigungen*, die hinter der Ohrmuschel getragen wird

hochgradige Hörschädigung: *s. Grad des Hörverlustes*, S. 10f., 14

Hör- und Absehbedingungen: S. 19, 23, 25, **41ff.**
Günstige *akustische* (*Gesprächsdisziplin* und Vermeidung von *Störgeräuschen*) sowie optische Bedingungen (günstige Licht- und Sichtverhältnisse) erleichtern dem Schüler mit Hörschädigung das Verstehen.

Hör- und Absehpause: S. 19, 23, 27, 41, 52, 54, **56f.**
regelmäßig eingesetzte Unterrichtsform zur Entlastung der visuell-auditiven Aufmerksamkeit, z.B. Einzel- oder Partnerarbeit, Spielen etc.

Höranlage: *s. Übertragungsanlage*, S. 9, 14f., **17ff.**, 27, 35, **43ff.**, 54, 69

Hörerziehung: S. **16**, 58, 67
Spezifische Übungen, um akustische Umweltreize verfügbar zu machen. Dabei sollen v.a. das Restgehör und die Lautsprachwahrnehmung für die lautsprachliche Kommunikation so gut wie möglich genutzt werden.

Hörgerät: *s. individuelle Hörhilfen*, S. 9, **14ff.**, 26, 37

Hörgeräteakustiker: S. **15**, 34ff.
Techniker, der die *Hörhilfen* überprüft und einstellt. Nur bei regelmäßiger Überprüfung und Einstellung der Hörhilfen kann der maximale Nutzen aus ihnen gezogen werden. Für die Einstellung von *Cochlea Implantaten* ist das *CI-Zentrum* zuständig.

hörgeschädigtenspezifische Maßnahmen: *s. didaktische Maßnahmen*, S. 13, 18f., 21ff., 32ff., **48ff.**, 57f.

Hörhilfe: S. 9ff., **14ff.**, 21, 25ff., 34f., 43f.
Technisches Gerät, das den Höreindruck verbessern kann. Dennoch wird kein natürliches Hören erreicht. Man unterscheidet zwischen *individuellen Hörhilfen* und (Klassen-)*Übertragungsanlagen*. Zu den individuellen Hörhilfen zählen u.a. das *Hinter-dem-Ohr-Gerät*, *In-dem-Ohr-Gerät*, *Knochenleitungshörgerät* oder *Cochlea Implantat*. Bei nicht individuellen Hilfen sollte v.a. die *Übertragungsanlage* genannt werden.

Hörpause: *s. Hör- und Absehpause*, S. 19, 23, 27, 41, 52, 54, **56f.**

Hörschädigung: *s. a. periphere bzw. zentrale Hörschädigung*, S. 8ff.
Eine Hörschädigung liegt vor, wenn periphere oder zentrale Prozesse des Hörens gestört sind, also von Normwerten abweichen.

Hörschwelle: S. 10f.
Zur Messung der individuellen Hörfähigkeit wird getestet, bei welcher Lautstärke ein Ton über die verschiedenen Frequenzen gerade noch wahrnehmbar ist. Dies wird als Hörschwelle bezeichnet. 0 dB entsprechen dem durchschnittlichen Mittelwert hörender junger Erwachsener.

Hörtaktik: *s. Kommunikationstaktik*, S. 18, 21, **24ff.**, 43, 45, 47

Hörtechnik-Beauftragter: S. **18**
An der Schule kann eine Person bestimmt werden, die mit der Prüfung von Funktionalität und Nutzung der *Übertragungsanlage* beauftragt ist.

I

Identitätsprobleme: *s. Bezugsgruppenkonflikt*, S. **24**

IdO-Gerät: *s. In-dem-Ohr-Gerät*, S. **14**

In-dem-Ohr-Gerät: S. **14**
auch IdO-Gerät; *Individuelle Hörhilfe* für *leicht- bis mittelgradige Hörschädigungen*, die im Gehörgang getragen wird

Implantat: *s. Cochlea Implantat*, S. 9, 14f., **16f.**, 35

Indikation: S. **16**
bestimmte Maßnahme auf Basis einer ärztlichen Diagnose (z.B.: Indikation aus einer *an Taubheit grenzenden Hörschädigung* und keinem Nutzen aus Hörgeräten ist die Implantation eines *Cochlea Implantats*)

individuelle Hörhilfen: S. 9, **14**ff.
Die individuellen Hörhilfen sind technische Geräte, die den Höreindruck verbessern können und im Gegensatz zur *Übertragungsanlage* direkt am Ohr getragen werden. Zu ihnen zählen u.a. das *Hinter-dem-Ohr-Gerät, Knochenleitungshörgerät* oder *Cochlea Implantat.*

Interdisziplinarität: S. **34**f.
„zwischen den Wissenschaften"; multiprofessionelle *Zusammenarbeit aller Beteiligten,* also Lehrkräften, Schülern, Eltern, Ärzten, Therapeuten, *Hörgeräteakustikern,* Hausaufgabenbetreuern etc.

Intervention: S. 22
Empfehlungen zum Vorgehen bei einer bestimmten Schwierigkeit

K

Klassenball: S. 27
Ein kleiner Ball macht, ohne den Boden zu berühren, die Runde durch die Klasse. Im Stehkreis hält ein Schüler den Ball und sucht sich per Blinzeln oder Nicken einen Schüler aus, dem er den Ball zuwirft. Der nächste verfährt ebenso, das Spiel läuft rein visuell ohne Sprechen ab (Hörpause). Variante: Nach einer Runde wird der Ball in umgekehrter Reihenfolge bis zum Startspieler zurück geworfen.

Klassenklima: S. 24, **44**ff.
Ein positives Klassenklima unterstützt die *soziale Integration* des Schülers. Die Mitschüler benötigen *Sensibilisierung,* um Verständnis aufbauen zu können. Siehe dazu das Arbeitsblatt für Mitschüler, S. 69.

Klassenstärke: S. 35f., **40**
Eine geringe Anzahl an Schülern in der Klasse verringert *Störgeräusche* und erleichtert dem Schüler mit Hörschädigung das *Sprachverstehen.* Dem Lehrer ermöglicht es eine differenziertere Unterrichtsgestaltung.

Knochenleitung: *s.a. Knochenleitungshörgerät,* S. **10**, 14
Schallübertragung über den Schädelknochen zum Innenohr (im Gegensatz zur *Luftleitung* über Trommelfell und Mittelohr)

Knochenleitungshörgerät: S. 9, 10, **14**f.
auch bone-anchored hearing aid (BAHA); *Individuelle Hörhilfe* bei *Schallleitungsschwerhörigkeit,* die am Knochen hinter der Ohrmuschel *(Mastoid)* getragen wird. Der aufgenommene Schall wird als Vibration über den Knochen direkt ans Innenohr übertragen.

kombinierte Schwerhörigkeit: S. 8f., 14
Hier liegt sowohl eine *Schallleitungs-* als auch *Schallempfindungsschwerhörigkeit* vor. Die Auswirkungen sind analog zur Schallempfindungsschwerhörigkeit.

Kommunikation: *s. Sprachverstehen und Kommunikationstaktik,* S. 13, 14, **20**ff., 24ff.

Kommunikationsanlage: *s. Übertragungsanlage,* S. 9, 14f., **17**ff., 27, 35, **43**ff., 54, 69

Kommunikationstaktik: S. 18, 21, **24**ff., 43, 45, 47
auch Hörtaktik; *Kompetenz* des bewussten und konsequenten Hinweisens auf günstigere Kommunikationsbedingungen durch den Schüler mit Hörschädigung selbst, z.B. um Blickkontakt bitten

Kompensation: S. **25**ff.
Der Schüler kann bei ungünstigen Bedingungen anhand der Entwicklung bestimmter *Kompetenzen* und Strategien versuchen, die *Auswirkungen einer Hörschädigung* einzuschränken.

Kompetenzen: S. 21, **25**ff, 32
Der Schüler kann bestimmte Fähigkeiten (weiter-) entwickeln, um dem Unterricht besser folgen zu können, z.B. *Kommunikationstaktik, Frustrationstoleranz* oder *Leistungsbereitschaft.*

Kompetenztraining: S. **25**ff., 32
Schulung des Schülers mit Hörschädigung in *Kommunikationstaktik* und Interaktion sowie Stärkung des *Selbstbewusstseins,* i.d.R. durch den Mobilen Dienst.

Konzentration: *s. Aufmerksamkeit,* S. 17f., 20, **23**ff., 27f., 41, 48, 51f., 56

Konzentrationsspanne: S. **23**, 25, 28, 43
Je nach Alter variiert die Dauer, die ein Schüler aufmerksam bleiben kann. Bei einer Hörschädigung wird von einer kürzeren Konzentrationsspanne ausgegangen.

Kooperation: S. 13, 21, **34**ff.
Der interdisziplinäre Austausch *(Interdisziplinarität)* und die Zusammenarbeit aller an der Inklusion beteiligten Personen.

korrektives Feedback: S. **49**
beim Antworten erfolgt die korrekte Wiederholung der fehlerhaften Aussage

Krankenkasse: S. **15**
Die Krankenkasse übernimmt nach ärztlicher Verordnung die Kosten für die *Hörgeräte-* bzw. *Cochlea-Implant*-Versorgung von Kindern und Jugendlichen bis zum vollendeten 18. Lebensjahr.

L

Lautsprache: S. 11, **21**ff.
die artikulierte und schriftliche Sprache, i.d.S. im Gegensatz zur *Gebärdensprache*

Lehrersprache: S. 13, 19, 21, 23, 41, 43, **48**ff., 57f., 70
Zur Unterstützung der Kommunikation sollte besonders auf die Lehrersprache geachtet werden, d.h. deutliche Aussprache, klare Fragestellungen, Ausrichtung am Sprachniveau des Schülers und Einsatz nonverbaler Impulse *(nonverbale Lehrersprache).*

leichtgradige Hörschädigung: *s. Grad des Hörverlustes,* S. 10f., 14, 21, 28

Leistungsbereitschaft: S. 22ff., **27**ff.
Kompetenz einer Person, hohen Arbeitsaufwand zur Erreichung eines gesetzten Ziels zu betreiben

Luftleitung: S. **10**
natürliche Schallübertragung über Trommelfell und Mittelohr zum Innenohr; im Gegensatz zur *Knochenleitung* (über den Schädelknochen)

M

Mastoid: S. 10, **14**ff.
Knochen hinter der Ohrmuschel, an dem Bestandteile des *Knochenleitungshörgeräts* und des *Cochlea Implantats* angebracht werden.

methodische Grundformen: S. **56**

mittelgradige Hörschädigung: *s. Grad des Hörverlustes,* S. 10f., 14, 21, 28

Mobbing: *s. Bullying,* S. 18, **22**, 24, **44**

Mobiler Dienst: S. 12f., 21, **31**ff., 42ff., 50
Der Mobile Dienst ist Bestandteil der Förderschule, der die Beteiligten einer Integration begleitend unterstützt und vernetzt. Es gibt bundesweit verschiedene Bezeichnungen, wie Ambulanter Dienst, Mobiler Sonderpädagogischer Dienst oder Mobile Reserve (s.a. www.best-news.de/?msd_adressen, 14.4.2015)

N

Nachteilsausgleich: S. 13, 24, 32, **33**, 35ff.
Festlegung, die bestimmte didaktische Maßnahmen fordert, um Einschränkungen aufgrund einer Behinderung auszugleichen oder gering zu halten, z.B. Verzicht eines Diktats bei Hörschädigung oder *Arbeitszeitverlängerung* in Prüfungen.

nonverbale Lehrersprache: S. 23, 47, **49**, 54
Der Einsatz von Körpersprache, Mimik und Impulsen parallel zur *Lautsprache* unterstützt das Verstehen *(s. auch Lehrersprache).*

O

Ohrensausen: *s. Tinnitus,* S. **9**
Ohrpassstück: *s. Otoplastik,* S. **15**

optische Bedingungen: S. **41**
meint günstige Lichtverhältnisse, einen geeigneten *Sitzplatz, Antlitzgerichtetheit* sowie das Ermöglichen des *Absehens*

organisatorische Rahmenbedingungen: S. 12f., 23, 36, **40**ff.
Für die Inklusion sollten bestimmte Voraussetzungen geschaffen sein, die u.a. die maximale *Klassenstärke,* günstige *optische* und *akustische Bedingungen* (z.B. Beleuchtung oder *Schalldämmung*) sowie ein positives *Klassenklima* betreffen.

Otoplastik: S. **15**
auch Ohrpassstück; der weichere Teil der *Hörhilfe,* der die Schallsignale in den Gehörgang kanalisiert

P

periphere Hörschädigung: S. **8**f.
Die Schädigung des Gehörs befindet sich am Außen-, Mittel- oder Innenohr oder dem ersten Teil des Hörnervs, z.B. *Schallempfindungsschwerhörigkeit.*

Pubertät: S. 17, 25, 32, **44**f.
In der Pubertät möchten viele Schüler weder *Hörhilfen* noch *Kommunikationstaktik* einsetzen, um nicht aufzufallen. Fehlende Rücksicht durch Mitschüler und Probleme in der *sozialen Integration* sind möglich. Die Lehrkraft sollte konsequent bleiben und lenken.

R

Rahmenbedingungen: *s. organisatorische Rahmenbedingungen,* S. 12f., 23, 36, **40**ff.

Raumakustik: *s. akustische Bedingungen,* S. 11, 19, 23, 25, 36, **43**, 47, 57

Rehabilitation: S. **16**
i.d.S. Nachsorge im Anschluss an eine *Cochlea Implantation,* mit dem Ziel der Eingliederung des CI-Trägers in das gesellschaftliche und berufliche Leben

Ritual: S. 13, 19, 23, 48f., 51f., **53**f., 57
vertraute, wiederkehrende Unterrichtssituation oder Regel zur Erleichterung von Verständnis und Konzentration

S

Schalldämmung: *s. auch akustische Bedingungen,* S. **43**, 47
Akustikplatten, Teppich, Vorhänge oder Filzgleiter unter den Stühlen reduzieren *Störgeräusche* im Klassenzimmer. Außerdem gibt es situative Maßnahmen wie Fenster schließen, *Gesprächsdisziplin* etc.

Schallempfindungsschwerhörigkeit: S. 8f., 14
auch sensorineurale Schwerhörigkeit; Schädigung liegt im Bereich des Außen- oder Mittelohres. Lautsprache ist i.d.R. mit Hörhilfen erlernbar.

Schallleitungsschwerhörigkeit: S. 8f., 14
auch konduktive Schwerhörigkeit; Schädigung liegt im Bereich des Innenohres oder Hörnervs. *Lautsprache* ist i.d.R. auf natürlichem Weg erlernbar.

Schwerhörigkeit: *s. auch Arten von Hörschädigungen und Grad des Hörverlustes*, S. **8**ff.
Einschränkung des Hörvermögens, bei der Schall nicht mehr in vollem Umfang wahrgenommen werden kann.

Selbstbewusstsein: S. 22, **24**, **27**ff., 43, 55
Für einen günstigen Verlauf der *sozialen* und *emotionalen Integration* des Schülers mit Hörschädigung ist es wichtig, sein Selbstvertrauen zu stärken, z.B. durch Kontakte mit hörgeschädigten Erwachsenen oder mittels *Kompetenztraining*.

Sensibilisierung: S. 24, 28, 32, 35, **44**ff.
Den Mitschülern soll die Situation des inkludierten Schülers erläutert und die Bedeutung von Rücksichtnahme bewusst gemacht werden, um Missverständnisse und Konfliktpotenzial zu verringern. Dies ermöglicht ein positives *Klassenklima*. Ggf. Unterrichtseinheit zum Thema Hörschädigung durchführen (Kap. 3.1.4).

Sitzordnung: S. **42**, 47, 51
Das auditive und visuelle *Sprachverstehen* kann durch einen geeigneten Platz des Schülers im Klassenzimmer erleichtert werden. U.a. ist hierbei auf möglichen Blickkontakt zu allen Personen zu achten.

Sitzplatz: *s. Sitzordnung*, S. **42**, 47, 51

Sonderrolle: S. **24**, 45, 47
Trotz seiner Hörschädigung sollte der betreffende Schüler als gleichwertiges Klassenmitglied behandelt werden, ohne dass ihm eine Sonderstellung zukommt.

soziale Integration: S. 22, **24**, **28**f., 42, 44
eigene Beziehungen des Schülers zu den Mitschülern

Sozialformen: S. 23, **27**f., **53**f., **56**f.

Sozialformwechsel: S. 23, 27, 41, **52**ff., **56**f.
Wechsel der Unterrichtsform zur Entlastung der visuell-auditiven Aufmerksamkeit *(Hör- und Absehpause)*, z.B. Einzel- oder Partnerarbeit, Spielen etc.

Sprachverstehen: S. 9, 11, 15, 18, **21**ff., 28, 40, 44, 62
Das Verstehen von Sprache ist individuell und abhängig von umgebenden *Störgeräuschen*. Im Unterricht sollte das Sprachverstehen z.B. durch *Visualisierung*, Einsatz der *Übertragungsanlage* und Rücksichtnahme im Gespräch unterstützt werden, um die *Konzentration* zu entlasten.

Stigmatisierung: S. 18, **44**
Zuschreibung unerwünschter Merkmale und Eigenschaften einer Person, die einen sozialen Ausschluss bewirken können.

Störgeräusche: S. 11f., 15, 17, 19, 21, 25, **43**
Lärm, der das Hören und die Kommunikation beeinträchtigt, z.B. Hintergrundgeräusche

Strategien des Schülers: *s. Kompensation*, S. **25**ff.

Strukturierung: S. 13, 18f., 23, 43, 50, **52**, 56f.
Dieses *Unterrichtsprinzip* kann u.a. durch klaren Ablauf und Transparenz den Lärmpegel in einer Klasse senken und dem Schüler mit Hörschädigung das Folgen des Unterrichtsgeschehens erleichtern.

Symbol(karten): S. 13, 49, 51f., **53**f., 57, 66, 70
Dieses *Ritual* vermittelt visuell und nonverbal Informationen und ist somit für den Schüler mit Hörschädigung, aber auch für die Mitschüler leicht zu verstehen.

T

Teamteaching: S. 22, 32, **34**ff.
Zwei Lehrer unterrichten gemeinsam, was Arbeitsteilung, *Differenzierung* und Kompetenztransfer ermöglicht.

technische Hörhilfe: S. 9ff., **14**ff., 21, 25ff., 34f., 43f.
Oberbegriff für *Hörgerät, Implantat, Übertragungsanlage* etc.

Thematisierung der Hörschädigung: S. 18, 27, **45**ff.
Zur *Sensibilisierung* der Mitschüler und für ein positives *Klassenklima* kann eine Unterrichtssequenz zum Themenbereich Hörschädigung durchgeführt werden; ggf. gemeinsam mit dem *Mobilen Dienst*.

Tinnitus: S. 9
auch Ohrensausen; subjektives Dauergeräusch im Ohr (Rauschen, Klingeln, Pfeifen). Tinnitus kann bei Personen mit und ohne Hörschaden auftreten und eine hohe psychische und kommunikative Belastung bedeuten.

U

Übertragungsanlage: S. 9, 14f., **17**ff., 27, 35, **43**ff., 54, 69
auch drahtlose Übertragungsanlage/Kommunikationsanlage oder früher FM-Anlage; im Schulbetrieb am häufigsten verwendete Anlage, bei der Gesprochenes über ein Mikrofon aufgenommen und mittels Funk direkt an die *individuelle Hörhilfe* oder den Kopfhörer des Schülers mit Hörschädigung übertragen wird.

Unterrichtsgespräch: S. 19, **48**
Bestimmte Bedingungen erleichtern dem Schüler mit Hörschädigung das Verfolgen des Unterrichtsgesprächs. Hilfreich sind u.a. günstige *akustische* und *optische Bedingungen*, deutliche Lehrersprache, regelmäßige Zusammenfassungen und Gesprächsmitschriften.

Unterrichtsprinzipien: S. **50**ff.
auch didaktische Prinzipien; nicht direkt beobachtbare, handlungsleitende Grundsätze zur Regulierung der Begegnung von Schüler und Lerninhalt (Köck 1995, 224). Für den inklusiven Unterricht v.a. wichtig: *Visualisierung, Strukturierung, Differenzierung*.

V

Visualisierung: S. 13, 19, 28, **41**, **50**f., 53, 57, 66f., 70
auch Anschaulichkeit, Anschauung, Veranschaulichung im Unterricht; eines der wichtigsten *Unterrichtsprinzipien* zur visuellen Unterstützung von Informationen, zur Verständnissicherung sowie zur Unterstützung von *Aufmerksamkeit* und Gedächtnisleistung.

W

Wortkarten: *s. Symbol,* S. 13, 49, 51f., **53**f., 57, 66, 70

Z

zentrale Hörschädigung: S. 8f., 12
Die Schädigung des Gehörs befindet sich im Gehirn oder an zum Gehirn leitenden Abschnitten des Hörnervs, z. B. *Auditive Verarbeitungs- und Wahrnehmungsstörung.*

Zusammenarbeit aller Beteiligten: *s. Kooperation,* S. 11, 21, **34**ff.

Bildnachweis

Abb. 3:
Audiogramm nach © MedEL

Abb. 5, Abb. 8:
© Phonak

Abb. 6:
© Cochlear BAS

Abb. 7:
© Coachlear Ltd

Abb. 18:
Bayerisches Staatsministerium für Unterricht und Kultus 2008

Tab. 2:
Abbildungen der Hörhilfen © Phonak (HdO-Gerät, IdO-Gerät, (Bi-)CROS, drahtlose Übertragungsanlage), © Cochlear BAS (BAHA), © Coachlear Ltd (CI)

Förderung bei schwerer und mehrfacher Behinderung

Staatsinstitut für Schulqualität u.
Bildungsforschung (ISB) (Hg.)
Unterricht und Förderung von Schülern mit schwerer und mehrfacher Behinderung
2., überarb. Aufl. 2015. 191 Seiten. 39 Abb. 7 Tab.
(978-3-497-02500-8) kt

Um Bildung und gesellschaftliche Teilhabe für Menschen mit schwerer und mehrfacher Behinderung möglich zu machen, sind intensive sonderpädagogische Anstrengungen nötig. Dieses Buch bietet vielfältige Anregungen für die tägliche Arbeit mit schwer und mehrfach behinderten Kindern und Jugendlichen an Förder- und Regelschulen sowie in außerschulischen Einrichtungen.

Die praktischen Hinweise zur Zusammenarbeit im Team und mit Eltern, zur Vernetzung von Unterricht, Förderung und Pflege, zum schülerorientierten Unterricht, zur Kommunikationsförderung und Diagnostik werden durch konkrete Fallbeispiele veranschaulicht.

Eine CD mit Unterrichtseinheiten, Projekten und sonstigen Praxisanregungen zu den Themenfeldern Natur, Deutsch/Kommunikation, Mathematik, Wahrnehmung/Bewegung/Sport, Religion, Musik, Kunst/Werken und Arbeit/Beruf liegt bei.

Kindern mit Hörschädigung helfen

interdisziplinäres Expertenwissen mit Praxisbezug

Annette Leonhardt (Hg.)
Frühes Hören
2012. 357 Seiten. 56 Abb. 6 Tab.
(978-3-497-02288-5) kt

Seit der verbindlichen Einführung des Neugeborenenhörscreenings hat sich der Umgang mit angeborener Hörschädigung nachhaltig verändert. Wie auf die Früherkennung eine effektive Förderung von Kindern mit Hörschädigung folgen kann, stellen die AutorInnen in diesem Lehrbuch systematisch und verständlich dar. Sie bündeln das vorhandene Wissen und die Erfahrungen der unterschiedlichen Fachgebiete – Pädagogik, Psychologie, Medizin und Pädaudiologie.

Technische Aspekte, z.B. die frühe Versorgung mit Hörgeräten, Cochlea Implantaten oder Hirnstammimplantaten, werden genauso dargestellt wie die Hörerziehung und Sprachförderung sowie Elternberatung in Krippe, Kita, Schule, Frühförderung, Beratungsstellen und CI-Zentren.

reinhardt
www.reinhardt-verlag.de